乾隆諸暨縣志

1

紹興大典

史部

中華書局

圖書在版編目(CIP)數據

(乾隆)諸暨縣志/(清)沈椿齡修;(清)樓卜瀍纂輯. –北京:中華書局,2024.6. –(紹興大典). –ISBN 978-7-101-16682-8

Ⅰ. K295.54

中國國家版本館CIP數據核字第2024MD4764號

書　　名	(乾隆)諸暨縣志(全四册)
修　　者	〔清〕沈椿齡
纂 輯 者	〔清〕樓卜瀍
叢 書 名	紹興大典·史部
項目策劃	許旭虹
責任編輯	梁五童
裝幀設計	許麗娟
責任印製	管　斌
出版發行	中華書局
	(北京市豐臺區太平橋西里38號 100073)
	http://www.zhbc.com.cn
	E-mail: zhbc@zhbc.com.cn
印　　刷	天津藝嘉印刷科技有限公司
版　　次	2024年6月第1版
	2024年6月第1次印刷
規　　格	開本787×1092毫米　1/16
	印張130½　插頁4　字數25千字
國際書號	ISBN 978-7-101-16682-8
定　　價	1880.00元

學術顧問（按姓氏筆畫排序）

安平秋　李　岩　吴　格
袁行霈　張志清　葛劍雄
樓宇烈

編纂工作指導委員會

主　　任　盛閲春（二〇二二年九月至二〇二三年一月在任）

温　暖　施惠芳　肖啓明　熊遠明

第一副主任　丁如興

副 主 任　陳偉軍　汪俊昌　馮建榮

成　　員（按姓氏筆畫排序）

王静静　朱全紅　沈志江　金水法　俞正英

胡華良　茹福軍　徐　軍　陳　豪　黄旭榮

裘建勇　樓　芳　魯霞光　魏建東

編纂委員會

主　　編　馮建榮

副 主 編　黄錫雲　尹　濤　王静静　李聖華　陳紅彦

委　　員（按姓氏筆畫排序）

王静静　尹　濤　那　艷　李聖華　俞國林

陳紅彦　陳　誼　許旭虹　馮建榮　葉　卿

黄錫雲　黄顯功　楊水土

史部主編　黄錫雲　許旭虹

序

紹興是國務院公布的首批中國歷史文化名城，是中華文明的多點起源地之一和越文化的發祥、壯大之地。從嵊州小黄山遺址迄今，已有一萬多年的文化史；從大禹治水迄今，已有四千多年的文明史；從越國築句踐小城和山陰大城迄今，已有兩千五百多年的建城史。建炎四年（一一三〇），宋高宗駐蹕越州，取義「紹奕世之宏庥，興百年之丕緒」，次年改元紹興，賜名紹興府，領會稽、山陰、蕭山、諸暨、餘姚、上虞、嵊、新昌等八縣。元改紹興路，明初復爲紹興府，清沿之。

紹興坐陸面海，嶽峙川流，風光綺麗，物産富饒，民風淳樸，士如過江之鯽，彬彬稱盛。春秋末越國有「八大夫」佐助越王卧薪嘗膽，力行「五政」，崛起東南，威續戰國，四分天下有其一，成就越文化的第一次輝煌。秦漢一統後，越文化從尚武漸變崇文。晋室東渡，北方士族大批南遷，王、謝諸大家紛紛遷居於此，一時人物之盛，雲蒸霞蔚，學術與文學之盛冠於江左，給越文化注入了新的活力。唐時的越州是詩人行旅歌詠之地，形成一條江南唐詩之路。至宋代，尤其是宋室南遷後，越中理學繁榮，文學昌盛，領一時之先。明代陽明心學崛起，這一時期的越文化，宣導致良知、知行合一，重於事功，伴隨而來的是越中詩文、書畫、戲曲的興盛。明清易代，有劉宗周等履忠蹈義，慷慨赴死，亦有黄宗羲率其門人，讀書窮經，關注世用，成其梨洲一派。至清中葉，會稽章學誠等人紹承梨洲之學而開浙東史學之新局。晚清至現代，越中知識分子心懷天下，秉持先賢「膽劍精神」，再次站在歷史變革的潮頭，蔡元培、魯迅等人「開拓越學」，使紹興成爲新文化運動和新民主主義革命的重要陣地。越文化兼容並包，與時偕變，勇於創新，隨着中國社會歷史的變遷，無論其内涵和特質發生何種變化，均以其獨特、强盛的生命力，推動了中華文明的發展。

文獻典籍承載着廣博厚重的精神財富、生生不息的歷史文脉。紹興典籍之富，甲於東南，號爲文獻之邦。從兩漢到魏晋再至近現代，紹興人留下了浩如煙海、綿延不斷的文獻典籍。陳橋驛先生在《紹興地方文獻考録·前言》中説：「紹興是我國歷史上地方文獻最豐富的地方之一。」有我國地方志的開山之作《越絶書》，有唯物主義的哲學巨著《論衡》，有書法藝術和文學價值均登峰造極的《蘭亭集序》，有詩爲「中興之冠」的陸游《劍南詩稿》，有輯録陽明心學精義的儒學著作《傳習録》等，這些文獻，不僅對紹興一地具有重要價值，對浙江乃至全國來説，也有深遠意義。

紹興藏書文化源遠流長。歷史上的藏書家多達百位，知名藏書樓不下三十座，其中以澹生堂最爲著名，藏書十萬餘卷。近現代，紹興又首開國内公共圖書館之先河。光緒二十六年（一九〇〇），紹興鄉紳徐樹蘭獨力捐銀三萬餘兩，圖書七萬餘卷，創辦國内首個公共圖書館——古越藏書樓。越中多名士，自也與藏書聚書風氣有關。

習近平總書記强調，「我們要加强考古工作和歷史研究，讓收藏在博物館裏的文物、陳列在廣闊大地上的遺産、書寫在古籍裏的文字都活起來，豐富全社會歷史文化滋養」。黨的十八大以來，黨中央站在實現中華民族偉大復興的高度，對傳承和弘揚中華優秀傳統文化作出一系列重大決策部署。中共中央辦公廳、國務院辦公廳二〇一七年一月印發了《關於實施中華優秀傳統文化傳承發展工程的意見》，二〇二二年四月又印發了《關於推進新時代古籍工作的意見》。

盛世修典，是中華民族的優秀傳統，是國家昌盛的重要象徵。近年來，紹興地方文獻典籍的利用呈現出多層次、多方位探索的局面，從文史界到全社會都在醞釀進一步保護、整理、開發、利用紹興歷史文獻的措施，形成了廣泛共識。中共紹興市委、市政府深入學習貫徹習近平總書記重要指示精神，積極響應國家重大戰略部署，以提振紹興人文氣運的文化自覺和存續一方文脉的歷史擔當，作出了編纂出版《紹興大典》的重大決定，計劃用十年時間，系統、全面、客觀梳理紹興文化傳承脉絡，收集、整理、編纂、出版紹興地方歷史文獻。二〇二二年十月，中共紹興市委辦公室、紹興市人民政府辦公室印發《關於〈紹興大典〉編纂出版工作實施方案的通知》。自此，《紹興大典》編纂出版各項工作開始有序推進。

百餘年前，魯迅先生提出「開拓越學，俾其曼衍，至於無疆」的願景，今天，我們繼先賢之志，實施紹興歷史上前無古人的文化工程，希冀通過《紹興大典》的編纂出版，從浩瀚的紹興典籍中尋找歷史印記，從豐富的紹興文化中挖掘鮮活資源，從悠遠的紹興歷史中把握發展脉絡，古爲今用，繼往開來，爲新時代「文化紹興」建設注入强大動力。我們將懷敬畏之心，以古人「三不朽」的立德修身要求，爲紹興這座中國歷史文化名城和「東亞文化之都」立傳畫像，爲全世界紹興人築就恒久的精神家園。

是爲序。

温暖

二〇二三年十月

前言

越國故地，是中華文明的重要起源地，中華優秀傳統文化的重要貢獻地，中華文獻典籍的重要誕生地。紹興，是越國古都，國務院公布的第一批歷史文化名城。編纂出版《紹興大典》，是綿延中華文獻之大計，弘揚中華文化之良策，傳承中華文明之壯舉。

一

紹興有源遠流長的文明，是中華文明的縮影。

中國有百萬年的人類史，一萬年的文化史，五千多年的文明史。中華文明，是中華民族長期實踐的積累，集體智慧的結晶，不斷發展的産物。各個民族，各個地方，都爲中華文明作出了自己獨具特色的貢獻。紹興人同樣爲中華文明的起源與發展，作出了自己傑出的貢獻。

現代考古發掘表明，早在約十六萬年前，於越先民便已經在今天的紹興大地上繁衍生息。二〇一七年初，在嵊州崇仁安江村蘭山廟附近，出土了於越先民約十六萬年前使用過的打製石器[一]。這是曹娥江流域首次發現的舊石器遺存，爲探究這一地區中更新世晚期至晚更新世早期的人類活動、

[一] 陸瑩等撰《浙江蘭山廟舊石器遺址網紋紅土釋光測年》，《地理學報》英文版，二〇二〇年第九期，第一四三六至一四五〇頁。

華南地區與現代人起源的關係、小黄山遺址的源頭等提供了重要綫索。

距今約一萬至八千年的嵊州小黄山遺址〔一〕，於二〇〇六年與上山遺址一起，被命名爲上山文化。該遺址中的四個重大發現，引人矚目：一是水稻實物的穀粒印痕遺存，以及儲藏坑、鐮形器、石磨棒、石磨盤等稻米儲存空間與收割、加工工具的遺存；二是種類與器型衆多的夾砂、夾炭、夾灰紅衣陶與黑陶等遺存；三是我國迄今發現的最早的立柱建築遺存，以及石杵立柱遺存；四是我國新石器時代遺址中迄今發現的最早的石雕人首。

蕭山跨湖橋遺址出土的山茶種實，表明於越先民在八千多年前已開始對茶樹及茶的利用與探索〔二〕。距今約六千年前的餘姚田螺山遺址發現的山茶屬茶樹根遺存，有規則地分布在聚落房屋附近，特别是其中出土了一把與現今茶壺頗爲相似的陶壺，表明那時的於越先民已經在有意識地種茶用茶了〔三〕。

對美好生活的嚮往無止境，創新便無止境。於越先民在一萬年前燒製出世界上最早的彩陶的基礎上〔四〕，經過數千年的探索實踐，終於在夏商之際，燒製出了人類歷史上最早的原始瓷〔五〕；繼而又在東漢時，燒製出了人類歷史上最早的成熟瓷。現代考古發掘表明，漢時越地的窑址，僅曹娥江兩岸的上虞，就多達六十一處〔六〕。

中國是目前發現早期稻作遺址最多的國家，是世界上最早發現和利用茶樹的國家，更是瓷器的故

〔一〕浙江省文物考古研究所編《上山文化：發現與記述》，文物出版社二〇一六年版，第七一頁。
〔二〕浙江省文物考古研究所、蕭山博物館編《跨湖橋》，文物出版社二〇〇四年版，彩版四五。
〔三〕北京大學中國考古學研究中心、浙江省文物考古研究所編《田螺山遺址自然遺存綜合研究》，文物出版社二〇一一年版，第一一七頁。
〔四〕孫瀚龍、趙曄著《浙江史前陶器》，浙江人民出版社二〇二二年版，第三頁。
〔五〕鄭建華、謝西營、張馨月著《浙江古代青瓷》，浙江人民出版社二〇二二年版，上册，第四頁。
〔六〕宋建明主編《早期越窑——上虞歷史文化的豐碑》，中國書店二〇一四年版，第二四頁。

鄉。《（嘉泰）會稽志》卷十七記載「會稽之産稻之美者，凡五十六種」，稻作文明的進步又直接促成了紹興釀酒業的發展。同卷又單列「日鑄茶」一條，釋曰「日鑄嶺在會稽縣東南五十五里，嶺下有僧寺名資壽，其陽坡名油車，朝暮常有日，産茶絶奇，故謂之日鑄」。可見紹興歷史上物質文明之發達，真可謂「天下無儔」。

二

紹興有博大精深的文化，是中華文化的縮影。

文化是一條源遠流長的河，流過昨天，流到今天，還要流向明天。悠悠萬事若曇花一現，唯有文化與日月同輝。

大量的歷史文獻與遺址古迹表明，四千多年前，大禹與紹興結下了不解之緣。大禹治平天下之水，漸九川，定九州，至於諸夏乂安，《史記·夏本紀》載：「禹會諸侯江南，計功而崩，因葬焉，命曰會稽。會稽者，會計也。」裴駰注引《皇覽》曰：「禹冢在山陰縣會稽山上。會稽山本名苗山，在縣南，去縣七里。」《（嘉泰）會稽志》卷六「大禹陵」：「禹巡守江南，上苗山，會稽諸侯，死而葬焉。……劉向書云：禹葬會稽，不改其列，謂不改林木百物之列也。苗山自禹葬後，更名會稽。是山之東，有隴隱若劍脊，西嚮而下，下有窆石，或云此正葬處。」另外，大禹在以會稽山爲中心的越地，還有一系列重大事迹的記載，包括娶妻塗山、得書宛委、畢功了溪、誅殺防風、禪祭會稽、築治邑室等。

以至越王句踐，「其先禹之苗裔，而夏后帝少康之庶子也，封於會稽，以奉守禹之祀」（《史記·越王句踐世家》）。句踐的功績，集中體現在他一系列的改革舉措以及由此而致的强國大業上。

他創造了「法天象地」這一中國古代都城選址與布局的成功範例，奠定了近一個半世紀越國號稱天下强國的基礎，造就了紹興發展史上的第一個高峰，更實現了東周以來中國東部沿海地區暨長江下游地區的首次一體化，讓人們在數百年的分裂戰亂當中，依稀看到了一統天下的希望，爲後來秦始皇統一中國，建立真正大一統的中央政權，進行了區域性的準備。因此，司馬遷稱：「苗裔句踐，苦身焦思，終滅强吴，北觀兵中國，以尊周室，號稱霸王。句踐可不謂賢哉！蓋有禹之遺烈焉。」

千百年來，紹興涌現出了諸多譽滿海内、雄稱天下的思想家，他們的著述世不絶傳、遺澤至今，他們的思想卓犖英發、光彩奪目。哲學領域，聚諸子之精髓，啓後世之思想。政治領域，以家國之情懷，革社會之弊病。經濟領域，重生民之生業，謀民生之大計。教育領域，育天下之英才，啓時代之新風。史學領域，創史志之新例，傳千年之文脉。

紹興是中國古典詩歌藝術的寶庫。四言詩《候人歌》被稱爲「南音之始」。於越《彈歌》是我國文學史上僅存的二言詩。《越人歌》是越地的第一首情歌、中國的第一首譯詩。山水詩的鼻祖，是上虞人謝靈運。唐代，這裏涌現出了賀知章等三十多位著名詩人。宋元時，這裏出了别開詩歌藝術天地的陸游、王冕、楊維楨。

紹興是中國傳統書法藝術的故鄉。鳥蟲書與《會稽刻石》中的小篆，影響深遠。中國的文字成爲藝術品之習尚，文字由書寫轉向書法，是從越人的鳥蟲書開始的。而自王羲之《蘭亭序》之後，紹興更是成爲中國書法藝術的聖地。翰墨碑刻，代有名家精品。

紹興是中國古代繪畫藝術的重鎮。世界上最早彩陶的燒製，展現了越人的審美情趣。「文身斷髮」與「鳥蟲書」，實現了藝術與生活最原始的結合。戴逵與戴顒父子、僧仲仁、王冕、徐渭、陳洪綬、趙之謙、任熊、任伯年等在中國繪畫史上有開宗立派的地位。

一九一二年一月，魯迅爲紹興《越鐸日報》創刊號所作發刊詞中寫道：「於越故稱無敵於天下，海岳精液，善生俊異，後先絡繹，展其殊才；其民復存大禹卓苦勤勞之風，同句踐堅確慷慨之志，力作治生，綽然足以自理。」可見，紹興自古便是中華文化的重要發源地與傳承地，紹興人更是世代流淌着「卓苦勤勞」「堅確慷慨」的精神血脉。

三

紹興有琳琅滿目的文獻，是中華文獻的縮影。

自有文字以來，文獻典籍便成了人類文明與人類文化的基本載體。紹興地方文獻同樣爲中華文明與中華文化的傳承發展，作出了傑出的貢獻。

中華文明之所以成爲世界上唯一没有中斷、綿延至今、益發輝煌的文明，在於因文字的綿延不絶而致的文獻的源遠流長、浩如煙海。中華文化之所以成爲中華民族有别於世界上其他任何民族的顯著特徵並流傳到今天，靠的是中華兒女一代又一代的言傳身教、口口相傳，更靠的是文獻典籍一代又一代的忠實書寫、守望相傳。

無數的甲骨、簡牘、古籍、拓片等中華文獻，無不昭示着中華文明的光輝燦爛、欣欣向榮，無不昭示着中華文化的廣博淵綜、蒸蒸日上。它們既是中華文明與中華文化的基本載體，又是中華文明與中華文化的重要組成部分，是十分重要的物質文化遺産。

紹興地方文獻作爲中華文獻重要的組成部分，積澱極其豐厚，特色十分明顯。

（一）文獻體系完備

紹興的文獻典籍根基深厚，載體體系完備，大體經歷了四個階段的歷史演變。

一是以刻符、紋樣、器型爲主的史前時代。代表性的，有作爲上山文化的小黄山遺址中出土的彩陶上的刻符、印紋、圖案等。

二是以金石文字爲主的銘刻時代。代表性的，有越國時期玉器與青銅劍上的鳥蟲書等銘文、秦《會稽刻石》、漢「大吉」摩崖、漢魏六朝時的會稽磚甓銘文與會稽青銅鏡銘文等。

三是以雕版印刷爲主的版刻時代。代表性的，有中唐時期越州刊刻的元稹、白居易的詩集。唐長慶四年（八二四），浙東觀察使兼越州刺史元稹，在爲時任杭州刺史的好友白居易《白氏長慶集》所作的序言中寫道：「揚、越間多作書模勒樂天及予雜詩，賣於市肆之中也。」這是有關中國刊印書籍的最早記載之一，説明越地開創了「模勒」這一雕版印刷的風氣之先。宋時，兩浙路茶鹽司等機關和紹興府、紹興府學等，競相刻書，版刻業快速繁榮，紹興成爲兩浙乃至全國的重要刻書地，所刻之書多稱「越本」「越州本」。明代，紹興刊刻呈現出了官書刻印多、鄉賢先哲著作和地方文獻多、私家刻印特色叢書多的特點。清代至民國，紹興整理、刊刻古籍叢書成風，趙之謙、平步青、徐友蘭、章壽康、羅振玉等，均有大量輯刊，蔡元培早年應聘於徐家校書達四年之久。

四是以機器印刷爲主的近代出版時期。這一時期呈現出傳統技術與西方新技術並存、傳統出版物與維新圖强讀物並存的特點。代表性的出版機構，在紹興的有徐友蘭於一八六二年創辦的墨潤堂等。另外，吴隱於一九〇四年參與創辦了西泠印社；紹興人沈知方於一九一二年參與創辦了中華書局，還於一九一七年創辦了世界書局。代表性的期刊，有羅振玉於一八九七年在上海創辦的《農學報》，杜亞泉於一九〇一年在上海創辦的《普通學報》，羅振玉於一九〇一年在上海發起、王國維主筆的《教育世界》，杜亞泉等於一九〇二年在上海編輯的《中外算報》，秋瑾於一九〇七年在上海創辦的《中國女報》等。代表性的報紙，有蔡元培於一九〇三年在上海創辦的《俄事警聞》等。

紹興文獻典籍的這四個演進階段，既相互承接，又各具特色，充分彰顯了走在歷史前列、引領時代潮流的特徵，總體上呈現出了載體越來越多元、内涵越來越豐富、傳播越來越廣泛、對社會生活的影響越來越深遠的歷史趨勢。

（二）藏書聲聞華夏

紹興歷史上刻書多，便爲藏書提供了前提條件，因而藏書也多。大禹曾「登宛委山，發金簡之書，案金簡玉字，得通水之理」（《吴越春秋》卷六），還「巡狩大越，見耆老，納詩書」（《越絶書》卷八），這是紹興有關采集收藏圖書的最早記載。句踐曾修築「石室」藏書，「晝書不倦，晦誦竟旦」（《越絶書》卷十二）。

造紙術與印刷術的發明和推廣，使得書籍可以成批刷印，爲藏書提供了極大便利。王充得益於藏書資料，寫出了不朽的《論衡》。南朝梁時，山陰人孔休源「聚書盈七千卷，手自校治」（《梁書·孔休源傳》），成爲紹興歷史上第一位有明文記載的藏書家。唐代時，越州出現了集刻書、藏書、讀書於一體的書院。五代十國時，南唐會稽人徐鍇精於校勘，雅好藏書，「江南藏書之盛，爲天下冠，鍇力居多」（《南唐書·徐鍇傳》）。

宋代雕版印刷術日趨成熟，爲書籍的化身千百與大規模印製創造了有利條件，也爲藏書提供了更多來源。特别是宋室南渡、越州升爲紹興府後，更是出現了以陸氏、石氏、李氏、諸葛氏等爲代表的藏書世家。陸游曾作《書巢記》，稱「吾室之内，或棲於櫝，或陳於前，或枕藉於床，俯仰四顧，無非書者」。《（嘉泰）會稽志》中專設《藏書》一目，説明了當時藏書之風的盛行。元時，楊維楨「積書數萬卷」（《鐵笛道人自傳》）。

明代藏書業大發展，出現了鈕石溪的世學樓等著名藏書樓。其中影響最大的藏書家族，當數山陰祁氏；影響最大的藏書樓，當數祁承㸁創辦的澹生堂，至其子彪佳時，藏書達三萬多卷。

清代是紹興藏書業的鼎盛時期，有史可稽者凡二十六家，諸如章學誠、李慈銘、陶濬宣等。上虞王望霖建天香樓，藏書萬餘卷，尤以藏書家之墨迹與鈎摹鐫石聞名。徐樹蘭創辦的古越藏書樓，以存古開新爲宗旨，以資人觀覽爲初心，成爲中國近代第一家公共圖書館。

民國時，代表性的紹興藏書家與藏書樓有：羅振玉的大雲書庫、徐維則的初學草堂、蔡元培創辦的養新書藏、王子餘開設的萬卷書樓、魯迅先生讀過書的三味書屋等。

根據二〇一六年完成的古籍普查結果，紹興全市十家公藏單位，共藏有一九一二年以前産生的中國傳統裝幀書籍與民國時期的傳統裝幀書籍三萬九千七百七十七種、二十二萬六千一百二十五册，分别占了浙江省三十三萬七千四百零五種的百分之十一點七九、二百五十萬六千六百三十三册的百分之九點零二。這些館藏的文獻典籍，有不少屬於名人名著，其中包括在别處難得見到的珍稀文獻。這是紹興這個地靈人傑的文獻名邦確實不同凡響的重要見證。

一部紹興的藏書史，其實也是一部紹興人的讀書、用書、著書史。歷史上的紹興，刻書、藏書、讀書、用書、著書，良性循環，互相促進，成爲中國文化史上一道亮麗的風景。

（三）著述豐富多彩

紹興自古以來，論道立説、卓然成家者代見輩出，創意立言、名動天下者繼踵接武，歷朝皆有傳世之作，各代俱見槃槃之著。這些文獻，不僅對紹興一地有重要價值，而且也是浙江文化乃至中國古代文化的重要組成部分。

一是著述之風，遍及各界。越人的創作著述，文學之士自不待言，爲政、從軍、業賈者亦多喜筆耕，屢有不刊之著。甚至於鄉野市井之口頭創作、謡歌俚曲，亦代代敷演，蔚爲大觀，其中更是多有内藴厚重、哲理深刻、色彩斑斕之精品，遠非下里巴人，足稱陽春白雪。

二是著述整理，尤爲重視。越人的著述，包括對越中文獻乃至我國古代文獻的整理。宋孔延之的《會稽掇英總集》，清杜春生的《越中金石記》，近代魯迅的《會稽郡故書雜集》等，都是收輯整理地方文獻的重要成果。陳橋驛所著《紹興地方文獻考録》，是另一種形式的著述整理，其中考録一九四九年前紹興地方文獻一千二百餘種。清代康熙年間，紹興府山陰縣吴楚材、吴調侯叔侄選編的《古文觀止》，自問世以來，一直是古文啓蒙的必備書，也深受古文愛好者的推崇。

三是著述領域，相涉廣泛。越人的著述，涉及諸多領域。其中古代以經、史與諸子百家研核之作爲多，且基本上涵蓋了經、史、子、集的各個分類，近現代以文藝創作爲多，當代則以科學研究論著爲多。這也體現了越中賢傑經世致用、與時俱進的家國情懷。

四

盛世修典，承古啓新，以「紹興」之名，行紹興之實。

紹興這個名字，源自宋高宗的升越州爲府，並冠以年號，時在紹興元年（一一三一）的十月廿六日。這是對這座城市傳統的畫龍點睛。紹興這兩個字合在一起，藴含的正是承繼前業而壯大之、開創未來而昌興之的意思。數往而知來，今天的紹興人正賦予這座城市、這個名字以新的意藴，那就是繼承中華優秀傳統文化，建設中華民族現代文明，爲實現中華民族偉大復興，作出自己新的更大的貢獻。

編纂出版《紹興大典》，正是紹興地方黨委、政府文化自信、文化自覺的體現，是集思廣益、精心實施的德政，是承前啓後、繼往開來的偉業。

（一）科學的決策

《紹興大典》的編纂出版，堪稱黨委、政府科學決策的典範。二〇二〇年十二月十一日，中共紹興市委八届九次全體（擴大）會議審議通過了關於紹興市「十四五」規劃和二〇三五年遠景目標的建議，其中首次提出要啓動《紹興大典》的編纂出版工作。

二〇二一年二月五日，紹興市第八届人民代表大會第六次會議批准了市政府根據市委建議編製的紹興市「十四五」規劃和二〇三五年遠景目標綱要，其中又專門寫到要啓動《紹興大典》的編纂出版工作。二月八日，紹興市人民政府正式印發了這個重要文件。

二〇二二年二月二十八日的中共紹興市第九次代表大會市委工作報告與三月三十日的紹興市九届人大一次會議政府工作報告，均對編纂出版《紹興大典》提出了要求。

二〇二二年九月十五日，紹興市人民政府第十一次常務會議專題聽取了《〈紹興大典〉編纂出版工作實施方案》起草情況的匯報，決定根據討論意見對實施意見進行修改完善後，提交市委常委會議審議。九月十六日，中共紹興市委九届二十次常委會議專題聽取《〈紹興大典〉編纂出版工作實施方案》起草情況的匯報，並進行了討論，決定批准這個方案。十月十日，中共紹興市委辦公室、紹興市人民政府辦公室正式印發了《〈紹興大典〉編纂出版工作實施方案》。

（二）嚴謹的體例

在中共紹興市委、紹興市人民政府研究批准的實施方案中，《紹興大典》編纂出版的各項相關事宜，均得以明確。

一是主要目標。系統、全面、客觀梳理紹興文化傳承脉絡，收集、整理、編纂、研究、出版紹興地方文獻，使《紹興大典》成爲全國鄉邦文獻整理編纂出版的典範和紹興文化史上的豐碑，爲努力打造「文獻保護名邦」「文史研究重鎮」「文化轉化高地」三張紹興文化的金名片作出貢獻。

二是收録範圍。《紹興大典》收録的時間範圍爲：起自先秦時期，迄至一九四九年九月三十日，部分文獻酌情下延。地域範圍爲：今紹興市所轄之區、縣（市），兼及歷史上紹興府所轄之蕭山、餘姚。內容範圍爲：紹興人的著述，域外人士有關紹興的著述，歷史上紹興刻印的古籍善本和紹興收藏的珍稀古籍善本。

三是編纂方法。對所録文獻典籍，按經、史、子、集和叢五部分類方法編纂出版。

根據實施方案明確的時間安排與階段劃分，在具體編纂工作中，采用先易後難、先急後緩，邊編纂出版、邊深入摸底的方法。即先編纂出版情況明瞭、現實急需的典籍，與此同時，對面上的典籍情況進行深入的摸底調查。這樣的方法，既可以用最快的速度出書，以滿足保護之需、利用之需，又可以爲一些難題的破解争取時間；既可以充分發揮我國實力最强的專業古籍出版社中華書局的編輯出版優勢，又可以充分借助與紹興相關的典籍一半以上收藏於我國古代典籍收藏最爲宏富的國家圖書館的優勢。這是最大限度地避免時間與經費上的重複浪費的方法，也是地方文獻編纂出版工作方法上的創新。

另外，還將適時延伸出版《紹興大典·要籍點校叢刊》《紹興大典·文獻研究叢書》《紹興大典·善本影真叢覽》等。

正如紹興的文獻典籍在中華文獻典籍史上具有重要的影響那樣，編纂出版《紹興大典》的意義，同樣也是非同尋常的。

（三）非凡的意義

一是編纂出版《紹興大典》，對於文獻典籍的更好保護——活下來，具有非同尋常的意義。歷史上的文獻典籍，是中華文明歷經滄桑留下的最寶貴的東西。然而，這些瑰寶或因天災人禍，或因自然老化，或因使用過度，或因其他緣故，有不少已經處於岌岌可危甚至奄奄一息的境況。

編纂出版《紹興大典》，可以爲系統修復、深度整理這些珍貴的古籍爭取時間；可以最大限度呈現底本的原貌，緩解藏用的矛盾，更好地方便閱讀與研究。這是文獻典籍眼下的當務之急，最好的續命之舉。

二是編纂出版《紹興大典》，對於文獻典籍的更好利用——活起來，具有非同尋常的意義。歷史上的文獻典籍，流傳到今天，實屬不易，殊爲難得。它們雖然大多保存完好，其中不少還是善本，但分散藏於公私，積久塵封，世人難見；也有的已成孤本，或至今未曾刊印，僅有稿本、抄本，秘不示人，無法查閱。

編纂出版《紹興大典》，將穿越千年的文獻、深庋密鎖的秘藏、散落全球的珍寶匯聚起來，化身萬千，走向社會，走近讀者，走進生活，既可防它們失傳之虞，又可使它們嘉惠學林，也可使它們古爲今用，文旅融合，還可使它們延年益壽，推陳出新。這是於文獻典籍利用一本萬利、一舉多得的好事。

三是編纂出版《紹興大典》，對於文獻典籍的更好傳承——活下去，具有非同尋常的意義。歷史上的文獻典籍，能保存至今，是先賢們不惜代價，有的是不惜用生命爲代價换來的。對這些傳承至今的古籍本身，我們應當倍加珍惜。

編纂出版《紹興大典》，正是爲了述録先人的開拓，啓迪來者的奮鬥，使這些珍貴古籍世代相傳，使藴藏在這些珍貴古籍身上的中華優秀傳統文化世代相傳。這是中華文化創造性轉化、創新性發展的通途所在。

編纂出版《紹興大典》，是紹興文化發展史上的曠古偉業。編成後的《紹興大典》，將成爲全國範圍内的同類城市中，第一部收録最爲系統、内容最爲豐贍、品質最爲上乘的地方文獻集成。

紹興這個地方，古往今來，都在不懈超越。超乎尋常，追求卓越。超越自我，超越歷史。《紹興大典》的編纂出版，無疑會是紹興文化發展史上的又一次超越。

道阻且長，行則將至；行而不輟，成功可期。「後之視今，亦猶今之視昔」；「後之覽者，亦將有感於斯文」（《蘭亭集序》）。讓我們一起努力吧！

馮建榮

二〇二三年六月十日，星期六，成稿於寓所

二〇二三年中秋、國慶假期，校改於寓所

編纂説明

紹興古稱會稽，歷史悠久。

大禹治水，畢功了溪，計功今紹興城南之茅山（苗山），崩後葬此，此山始稱會稽，此地因名會稽，距今四千多年。

大禹第六代孫夏后少康封庶子無餘於會稽，以奉禹祀，號曰「於越」，此爲吾越得國之始。《竹書紀年》載，成王二十四年，於越來賓。是亦此地史載之始。

距今兩千五百多年，越王句踐遷都築城於會稽山之北（今紹興老城區），是爲紹興建城之始，於今城不移址，海内罕有。

秦始皇滅六國，御海内，立郡縣，成定制。是地屬會稽郡，郡治爲吴縣，所轄大率吴越故地。東漢順帝永建四年（一二九），析浙江之北諸縣置吴郡，是爲吴越分治之始。會稽名仍其舊，郡治遷山陰。由隋至唐，會稽改稱越州，時有反復，至中唐後，「越州」遂爲定稱而至於宋。所轄時有增減，至五代後梁開平二年（九〇八），吴越析剡東十三鄉置新昌縣，自此，越州長期穩定轄領會稽、山陰、蕭山、諸暨、餘姚、上虞、嵊縣、新昌八邑。

建炎四年（一一三〇），宋高宗趙構駐蹕越州，取「紹奕世之宏庥，興百年之丕緒」之意，下詔從建炎五年正月改元紹興。紹興元年（一一三一）十月己丑升越州爲紹興府，斯地乃名紹興，沿用至今。歷史的悠久，造就了紹興文化的發達。數千年來文化的發展、沉澱，又給紹興留下了燦爛的文化載體——鄉邦文獻。保存至今的紹興歷史文獻，有方志著作、家族史料、雜史輿圖、文人筆記、先賢文集、醫卜星相、碑刻墓誌、摩崖遺存、地名方言、檔案文書等不下三千種，可以説，凡有所録，應有盡有。這些文獻從不同角度記載了紹興的山川地理、風土人情、經濟發展、人物傳記、著述藝文等各個方面，成爲人們瞭解歷史、傳承文明、教育後人、建設社會的重要參考資料，其中許多著作不僅對紹興本地有重要價值，也是江浙文化乃至中華古代文化的重要組成部分。

紹興歷代文人對地方文獻的探尋、收集、整理、刊印等都非常重視，並作出過不朽的貢獻，陳橋驛先生就是代表性人物。正是在他的大力呼籲下，時任紹興縣政府主要領導作出了編纂出版《紹興叢書》的決策，爲今日《紹興大典》的編纂出版積累了經驗，奠定了基礎。

時至今日，爲貫徹落實習近平總書記系列重要講話精神，奮力打造新時代文化文明高地，重輝「文獻名邦」，中共紹興市委、市政府毅然作出編纂出版《紹興大典》的決策部署。延請全國著名學者樓宇烈、袁行霈、安平秋、葛劍雄、吴格、李岩、熊遠明、張志清諸先生參酌把關，與收藏紹興典籍最豐富的國家圖書館等各大圖書館以及專業古籍出版社中華書局展開深度合作，成立專門班子，精心規劃組織，扎實付諸實施。《紹興大典》是地方文獻的集大成之作，出版形式以紙質書籍爲主，同步開發建設數據庫。其基本内容，包括以下三方面：

一、《紹興大典》影印精裝本文獻大全。這方面内容囊括一九四九年前的紹興歷史文獻，收録的原則是「全而優」，也就是文獻求全收録；同一文獻比對版本優劣，收優斥劣。同時特別注重珍稀性、孤罕性、史料性。

《紹興大典》影印精裝本收録範圍：

時間範圍：起自先秦時期，迄至一九四九年九月三十日，部分文獻可酌情下延。

地域範圍：今紹興市所轄之區、縣（市），兼及歷史上紹興府所轄之蕭山、餘姚。

内容範圍：紹興人（本籍與寄籍紹興的人士、寄籍外地的紹籍人士）撰寫的著作，非紹興籍人士撰寫的與紹興相關的著作，歷史上紹興刻印的古籍珍本和紹興收藏的古籍珍本。

《紹興大典》影印精裝本編纂體例，以經、史、子、集、叢五部分類的方法，對收録範圍内的文獻，進行開放式收録，分類編輯，影印出版。五部之下，不分子目。

經部：主要收録經學（含小學）原創著作；經校勘校訂，校注校釋，疏、證、箋、解、章句等的經學名著；爲紹籍經學家所著經學著作而撰的著作，等等。

史部：主要收録紹興地方歷史書籍，重點是府縣志、家史、雜史等三個方面的歷史著作。

子部：主要收録專業類書，比如農學類、書畫類、醫卜星相類、儒釋道宗教類、陰陽五行類、傳奇類、小説類，等等。

集部：主要收録詩賦文詞曲總集、别集、專集，詩律詞譜，詩話詞話，南北曲韻，文論文評，等等。

叢部：主要收録不入以上四部的歷史文獻遺珍、歷史文物和歷史遺址圖録彙總、戲劇曲藝脚本、報章雜志、音像資料等。不收傳統叢部之文叢、彙編之類。

《紹興大典》影印精裝本在收録、整理、編纂出版上述文獻的基礎上，同時進行書目提要的撰寫，並細編索引，以起到提要鉤沉、方便實用的作用。

二、《紹興大典》點校研究及珍本彙編。主要是《紹興大典》影印精裝本的延伸項目，形成三個成果，即《紹興大典·要籍點校叢刊》《紹興大典·文獻研究叢書》《紹興大典·善本影真叢覽》三叢。選取影印出版文獻中的要籍，組織專家分專題開展點校等工作，排印出版《紹興大典·要籍點校叢刊》；及時向社會公布推出出版文獻書目，開展《紹興大典》收録文獻研究，分階段出版研究成果《紹興大典·文獻研究叢書》；選取品相完好、特色明顯、内容有益的優秀文獻，原版原樣綫裝影印出版《紹興大典·善本影真叢覽》。

三、《紹興大典》文獻數據庫。以《紹興大典》影印精裝本和《紹興大典·要籍點校叢刊》《紹興大典·文獻研究叢書》《紹興大典·善本影真叢覽》三叢爲基幹構建。同時收録大典編纂過程中所涉其他相關資料，未用之版本，書佚目存之書目等，動態推進。

《紹興大典》編纂完成後，應該是一部體系完善、分類合理、全優兼顧、提要鮮明、檢索方便的大型文獻集成，必將成爲地方文獻編纂的新範例，同時助力紹興打造完成「歷史文獻保護名邦」「地方文史研究重鎮」「區域文化轉化高地」三張文化金名片。

《紹興大典》在中共紹興市委、市政府領導下組成編纂工作指導委員會，組織實施並保障大典工程的順利推進，同時組成由紹興市爲主導、國家圖書館和中華書局爲主要骨幹力量、各地專家學者和圖書館人員爲輔助力量的編纂委員會，負責具體的編纂工作。

《紹興大典》編纂委員會

二〇二三年五月

史部編纂説明

紹興自古重視歷史記載，在現存數千種紹興歷史文獻中，史部著作占有極爲重要的位置。因其内容豐富、體裁多樣、官民兼撰的特點，成爲《紹興大典》五大部類之一，而别類專纂，彙簡成編。按《紹興大典·編纂説明》規定：「以經、史、子、集、叢五部分類的方法，對收録範圍内的文獻，進行開放式收録，分類編輯，影印出版。五部之下，不分子目。」「史部：主要收録紹興地方歷史書籍，重點是府縣志、家史、雜史等三個方面的歷史著作。」

紹興素爲方志之鄉，纂修方志的歷史較爲悠久。據陳橋驛《紹興地方文獻考録》（浙江人民出版社，一九八三年版）統計，僅紹興地區方志類文獻就「多達一百四十餘種，目前尚存近一半」。在最近三十多年中，紹興又發現了不少歷史文獻，堪稱卷帙浩繁。

據《紹興大典》編纂委員會多方調查掌握的信息，府縣之中，既有最早的府志——南宋二志《（嘉泰）會稽志》和《（寶慶）會稽續志》，也有最早的縣志——宋嘉定《剡録》；既有耳熟能詳的《（萬曆）紹興府志》，也有海内孤本《（嘉靖）山陰縣志》；更有寥若晨星的《永樂大典》本《紹興府志》，等等。存世的紹興府縣志，明代纂修並存世的萬曆爲最多，清代纂修並存世的康熙爲最多。

家史資料是地方志的重要補充，紹興地區家史資料豐富，《紹興家譜總目提要》共收録紹興相關家譜資料三千六百七十九條，涉及一百七十七個姓氏。據二〇〇六年《紹興叢書》編委會對上海圖書館藏紹興文獻的調查，上海圖書館館藏的紹興家史譜牒資料有三百多種，據紹興圖書館最近提供的信息，其館藏譜牒資料有二百五十多種，一千三百七十八册。紹興人文薈萃，歷來重視繼承弘揚耕讀傳統，家族中尤以登科進仕者爲榮，每見累世科甲、甲第連雲之家族，如諸暨花亭五桂堂黄氏、山陰狀元坊張氏，等等。家族中每有中式，必進祠堂，祭祖宗，禮神祇，乃至重纂家乘。因此纂修家譜之風頗盛，聯宗聯譜，聲氣相通，呼應相求，以期相將相扶，百世其昌，因此留下了浩如煙海、簡册連編的家史譜牒資料。家史資料入典，將遵循「姓氏求全，譜目求全，譜牒求優」的原則遴選。

雜史部分是紹興歷史文獻中内容最豐富、形式最多樣、撰者最衆多、價值極珍貴的部分。記載的内容無比豐富，撰寫的體裁多種多樣，留存的形式面目各異。其中私修地方史著作，以東漢袁康、吴平所輯的《越絶書》及稍後趙曄的《吴越春秋》最具代表性，是紹興現存最早較爲系統完整的史著。

雜史部分的歷史文獻，有非官修的專業志、地方小志，如《三江所志》《倉帝廟志》《螭陽志》等；有以韻文形式撰寫的如《山居賦》《會稽三賦》等；有碑刻史料如《會稽刻石》《龍瑞宫刻石》等；有詩文游記如《沃洲雜詠》等；有珍貴的檔案史料如《明浙江紹興府諸暨縣魚鱗册》等；有名人日記如《祁忠敏公日記》《越縵堂日記》等；有綜合性的歷史著作如海内外孤本《越中雜識》等；也有鉤沉稽古的如《虞志稽遺》等。既有《救荒全書》《欽定浙江賦役全書》這樣專業的經濟史料，也有《越中八景圖》這樣的圖繪史料等。舉凡經濟、人物、教育、方言風物、名人日記等，應有盡有，不勝枚舉。尤以地理爲著，諸如山川風物、名勝古迹、水利關津、衛所武備、天文医卜等，莫不悉備。

這些歷史文獻，有的是官刻，有的是坊刻，有的是家刻。有特别珍貴的稿本、鈔本、寫本，也有珍稀孤罕首次面世的史料。由於《紹興大典》的編纂出版，這些文獻得以呈現在世人面前，俾世人充分深入地瞭解紹興豐富多彩的歷史文化。受編纂者學識見聞以及客觀條件之限制，難免有疏漏錯訛之處，祈望方家教正。

《紹興大典》編纂委員會

二〇二三年五月

乾隆諸暨縣志 四十四卷，首末各一卷

〔清〕沈椿齡修，〔清〕樓卜瀍纂輯

清乾隆三十八年（一七七三）刻本

影印説明

《（乾隆）諸暨縣志》四十四卷，首末各一卷，清沈椿齡修，清樓卜瀍纂輯。清乾隆三十八年（一七七三）刻本。半葉九行行二十一字，小字雙行同，白口，單魚尾，四周雙邊，卷首爲圖。原書版框尺寸高19.5釐米，寬14.5釐米。書前有王亶望、舒希忠、沈椿齡序，另有同纂姓氏、凡例、引用書目等。王亶望序首葉鈐「任振采所收方志之一」朱文印，可知此書爲任鳳苞舊藏。

沈椿齡，江蘇震澤人，舉人，乾隆三十三年（一七六八）任諸暨縣知事。樓卜瀍，字西濱，諸暨人，乾隆二十五年（一七六〇）舉人，師從淳安方楘如、會稽徐廷槐，著有《易例》四十卷、《毛詩訂疑》二十卷、《書傳要旨》四卷等，多佚不傳，今見存者除《諸暨縣志》外，尚有《鐵厓咏史注》八卷、《鐵厓樂府注》十卷及《鐵厓逸編注》八卷。

此次影印，以天津圖書館藏本爲底本，原書卷十六第十三、十四葉，卷三十九第二十六、二十九、三十葉及後序第四葉鈔補。另據《中國地方志聯合目録》，國家圖書館、南京圖書館、浙江圖書館、復旦大學圖書館等單位亦有收藏。

序

紹郡諸暨縣之有專志宋
寇仲溫始有記其詳而成編
者明景泰時有駱志隆慶年
繼脩之
本朝康熙中則有章平事

志及今曠將百年而沈令椿斷毅肱身任其事續成巨編主筆者邑人樓孝廉卜瀍開雕竟以其成書送閱而自序以弁其首余惟縣邑之有志乘人盡知之鑒

於古而今之象其風土而
槩之患其疆里淺深而利
之防之責於志有賴人亦顯
能道之而此所脩之志是繼
而非創是述而非作如前所
云則已具道於蔡駱二志之

序

序文重疊言之不稱是峯
唯是記載之編必待新之續
綴而時事始備續之遲速
要以百年之期爲大較耆老
之眼見口述先後轉相告語
近則聞其詳遠則傳其略

著作而成文章近則可求之於子孫門弟子遠則散失湮沒然則繼章氏而有葺於時詎可緩乎暨邑介於富陽浦江東陽義烏之間居會稽之南壤内多山

若東白杭烏淩跡旁邑重巒疊嶂易於藏疾江支湖複阻藪隱奥其性情窳習秀者擅材傑捷特俊偉其流則爲剽悍好鬭是以

國朝康熙甲寅年乘閩釁

而鴟嘯者前後匪一，迨猷遂蕩除之後，鏟削始盡，邑之得靖於兵革，甲子將二週矣。諸令承
上旨始也，撫摩瘡痍，噓枯潤槁，所謂厚之以生，利之以用，及

頒示
聖諭十六條官司歲宣其文師
儒月講其義耳濡目染寖
久而化洽所謂正之以德而
三事孔脩矣雍正十數年
中大吏守其法州縣百職

事激獎廣敎無善良而勿
揚其姑究而勿懲民知趨
避益晰暨之山區水澳諸
氓不畏都會易聦變明我
皇上勵精圖治甲乙四週廣布
寬大之政而致嚴於嵬瑣

屢沛蠲免之令而災沴必
流其恩膏隨雖巖邑窮
悉負險阻盤踞之勢革鄉
剽悍之習彬彬然淳風流
行人才肩背相望亦多拔
萃出群者而文章之風

氣益臻卓犖嘗此極
盛之時去又曠及百年後
不令廢者舉闕者補人
將以目識斯邑者為何如
人哉而況今知此事為鄭
重而煩終之振條就目纂

然具備揚德化之美發山川之光勤織斯編若此況今任法五稔矣余方樂觀其郡政之成而於是志纂其知大體識所緩急於是乎書以永來樓孝

廉等纂葺之善觀者
自能得之
乾隆癸巳重九
誥授通奉大夫
欽命浙江等處承宣布政使司
布政使臨汾王亶望序

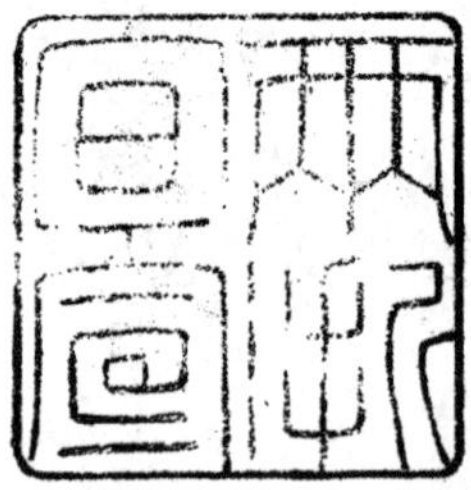

序

江淹云修史之難無出於志志之有建置沿革遠近險易陰陽五行吉凶趨避之道以寓其攻守奇正進退之法又有溝洫畎澮川浸湖海之類以定其物產而又為之詳戶

以均賦役采風俗以別貞淫至所以爲具如此而其大要務人人深知其故不獨詩人物以示觀美也雖時移世更而所遭之變所處之勢有不同矣使至熟於天下事物之變古今理亂之源閭閻情僞之徵

其在堂户々上而已得其四海九州之業萬世々策由是出而備公卿大夫百執事之選則随材施而無不可者何者其見之志也廣也昔蕭何入秦亟收圖書張禹條陳風俗李恂使幽州寫山川

屯田聚落魏武獲田疇知盧龍間道梁武用張宏策知江路進取唐韋澳纂次風土利害宋祖得樊若水知采石廣狹世祖詔揆南陽風俗自古帝王將相開之肇造則天下定陳之治平則去食之

福其及之遠勢足以羈縻使不敢動其待之後更先為控制以扼其險隘所關豈淺小哉近世體例盡壞作者多非古法而食古通經之士又概不多見艱於考核勢不得不專意人物詩浮飾誕

以諂謬媚俗夫然而其書不足取而爲天下之吏不習而爲徃徃意計無所出手足無所措嗚呼三代下之治之所以不古而至政苟焉而豈可觀其不以此也歟
國家之興百數十年矣直省通志咸

諸暨定紹興之諸暨歲久復缺暨
之令沈君有憂之思謀其全即
舊志訛載而增删之閱歲書成
得若干卷何其周且速也當
簡冊散佚之時淺識之士固已
色爲而不加詳矣及觀此志復

倘實有裨暨治〻大唯其令之周覽繙閱而因革損益援籍可求以洞悉利弊則文言志而專事人物者豈果要也與暨之地固多可志沈君為令風土人情又其所熟悉者也苟能合

區宇以考形勢稽變遷以觀成敗酌淳漓為轉移之方訪疾苦為興除之計事之晦於昔者顯於今不得施於今者行於後邑雖彈丸地吾知教化之行風俗之成殆異人任也可不勉

哉暨去郡逾百里曩讞獄一再至其地其山川民物固余所目覩而可得言焉者會志成余再視郡事因攄所見為官斯土者告

時

乾隆三十六年歲次辛卯淦月
下浣
奉政大夫署紹興府知府同知
嘉興府海防事大興舒希忠序

諸暨縣志

諸暨為紹屬巖邑志曠百年不修文殘獻缺閲去病之余奉調之次年從邑士程君宅三位鄰君向榮欣之請於乾隆三十五年己丑延邑孝廉樓君西濱卜瀍任其事余以暇亦時過而商

搉焉經始於春卒業於冬其體例一本諸府志省志爲卷四十有四爲門二十有三諸圖冠首諸舊叙附末有倫有脊不濫不遺較舊志蔚然改觀孝廉之用志勤矣上之

各憲皆報可會孝廉以計偕而
之京師不果刻越二年嚴春官
試歸始較讎閱雕既訖工俾一
言於簡端余維暨邑建始於秦
古矣界連三府八邑廣矣群山
屏幛於表浣江襟帶於裏雄矣

桒繅八蚕之繭田收兩熟之秔其君子篤實而好義其小人節儉而力畜富且美矣此則志中已詳載之何俟于言顧其俗劉而自是褊而好爭睚眦之怨必報其黠而無賴者習為無情之

辭城鄉林立幾如荆州之名士
桀民之訟而搆弄其間一得當
即某訟師之名大著奔走愚氓
如市訟或不當即唆使上控以
求伸巧借影似眛沒真情棼然
囂然千彙萬態卒至霜降水落

理無可伸訟師方從旁坐收其利而此訟者已重罄家蕩産焦爛而莫救又縣境東南遠接東浦義嵊諸邑之水滙流而注於境出兎石頭迤邐以入海向有七十二湖以瀦之分達山陰之

紓清蕭山之臨浦以殺之自麻溪塞而水出一口築埂障湖而無湖不田於是湖縮之時建瓴直下田無取溉龜坼是虞若秋湖正旺排空逆來又值上游水發兩相抵搏砰訇震撼怒無所

洩即衝決湖堤爲患今麻溪之故道難尋諸湖之陞課已久説者因有挖淤之議而苦於經費之無出貯沙之無地且恐沙隨水下或不免旋挖旋淤是以斷斷至今不定民俗之健訟既久

彼地勢之難為又若此以故數
十年来官斯土者亟署迭更滑
善去者無一二求仕者輙摇手
咋舌目為畏途此則志之所不
及言不敢言而寔令其民所當
孳孳交勉去其舊以圖其新者

也余之來此歲籥五更矣含沙之射屢經日在戰兢危惕之中所幸比年豐稔猶得牽架過日而士民之恪守其本分不敢以虛誕逞能者亦安於余之愚久而且習於無事也若夫與孝廉

共事以有成者吳君袞五廷景
周君進思殿忠宣君觀瀾湧毛
君躬魚與棟袁君晉揚洵孫君夏
佐襄例得備書　皆
乾隆三十八年歲次癸巳正月
元宵後三日

文林郎知諸暨縣事加二級紀錄三次震澤沈椿齡叙

諸暨縣志

同纂姓氏

裁定

知諸暨縣事震澤沈椿齡

同定

教諭海寧朱瑞

訓導西安王榮綋

纂輯

庚辰科舉人揀選知縣邑人樓卜瀍

參閱
生員邑人吳熙
貢生邑人周殿忠
貢生邑人宣湧
貢生邑人毛棟
候選州同邑人袁洵
候選布政使理問邑人孫襄
校訂
貢生邑人程位

廪生　邑人　酈欣

書畫

生員　邑人　石梁

董理

生員　邑人　袁舜年

凡例

一我

朝稽古右文典章大備今志所列條例恪遵

勅脩浙江通志一書而參以紹興府志諸集體各相符義通一貫庶葑菲易於見采即以當拜獻之資亦小大罔不從公愈以昭同文之盛

一志以引古成帙標以某書云云此正浙江通志例也莊子有重言意在借古人以取重也如人物志中列傳或本正史或採名人文集苐覩其書目而

身價居可知矣否則掠其文而掩其目亦昌黎所謂剽賊者耳賦出左思尚須因求謐乃顯註推郭象得毋以竊向貽譏

一志中凡新入者標以公舉事實此亦浙江通志例也其人沒世未久初無載籍可稽而鄉評鑿鑿據其事而書之即不朽之傳始基於此矣雖核實維嚴寧闕毋濫而善善從長如有片端可節要亦無敢或遺令遵浙江通志例分為十門則搜羅頗廣位置良多倘見聞有所未及尚俟後之君子續而

增之

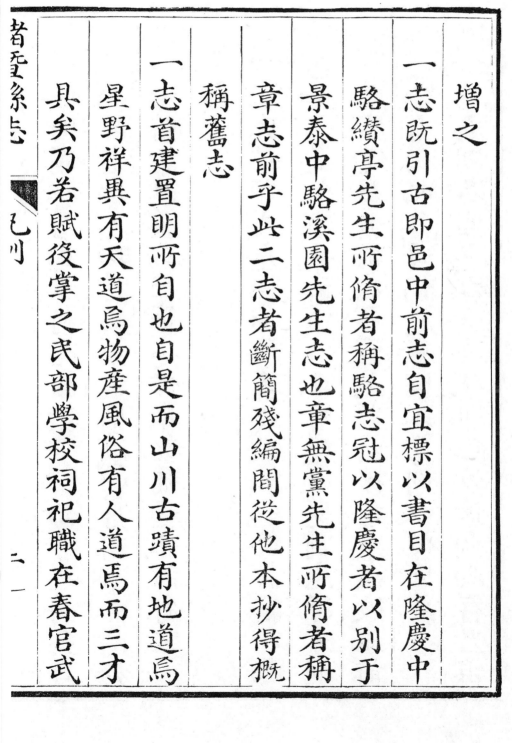

一志既引古即邑中前志自宜標以書目在隆慶中駱纉亭先生所脩者稱駱志冠以隆慶者以别于景泰中駱溪園先生志也章無黨先生所脩者稱章志前乎此二志者斷簡殘編閒從他本抄得槪稱舊志

一志首建置明所自也自是而山川古蹟有地道焉星野祥異有天道焉物産風俗有人道焉而三才具矣乃若賦役掌之民部學校祠祀職在春官武

倫則講以司馬水利則問諸司空而六典備矣自非然者理不切於彝倫盡屬風雲月露事無關於治體誰為金玉笙簧是惟舉要補遺非敢省文就簡

一左氏之體或先經以始事或後經以終義竊以為如易爻然有乘有承有比有應歷覽前志靡不列職官選舉於前次名宦人物於後前乘後後承前各自相比各自相應體宜不易例故從同

一駱志例名宦見在仕途及雖已致仕而尚存者俱

不敢立傳嬺獻媚也今仍之

一志中所載人物爲難於古則多聞闕疑族譜乃家自爲書詎容輕信於今則多見闕殆子孫亦人私其祖未可全憑每嬺文不雅馴難在不敢存尤難在不敢削所慮書不實錄難在不敢採尤難在不敢遺

一駱志例人物以舊志爲主稍有增損必確有書傳可據在今時者奉本縣勘結的實明文雖同館中祖父不敢上下其手以公道相厲也見存者雖賢

不敢及俟論定也今亦仍舊

一列女一門新例以題

旌者入志其未經具題者何能盡載然在

聖朝表揚貞孝無幽不闡將来自可逐年具題姑俟再

行脩志時續入亦必不至終於湮沒也例與願左

曷勝歉然

一仙釋寺觀叙次從後外二氏也伊蒲之木葉山花

屏諸空幻道室之仙經怪牒置在有無相與彼哉

彼哉第云如是如是如是

一經籍藝文俱係浙江通志條目吾暨前志不列藝文第於山川等類綴以詩文已耳通志於山川等類及藝文中各載詩文彼此互見今志載在山川等類者舊貫居多載在藝文者新增居多無甚區別自可不必拘泥也

一駱志例題詠必擇其工者若同時諸公雖工不錄今例亦然且即先達遺文必須刻集行世如持箋見贈僅同謝氏碎金將合組無多空擬温家片石雖實類自傳絶唱恐陸機難與區分凡諸賜教者

未能盡採入志尚其諒之恕之亦猶駱志避去取之嫌云爾

引用書目

經

周禮漢劉歆以為周公致太平之跡也後漢鄭康成註唐賈公彥疏

爾雅世傳釋詁周公書也餘篇仲尼子夏叔孫通梁文增補之晉郭璞註宋邢昺疏

春秋左氏傳左邱明撰晉杜預元凱解

春秋外傳國語左邱明撰吳韋昭解

史

史記漢司馬遷子長撰褚少孫補宋裴駰註史記索隱唐司馬貞撰世號小司馬史記正義唐張守節撰

前漢書漢班固孟堅撰固妹曹世叔妻昭補唐顏師古註

後漢書宋范曄蔚宗撰唐章太子賢與劉訥言革希元等註

三國志 晉陳壽撰宋裴松之註

晉書 唐房喬等撰

宋書 梁沈約休文撰

宋略 梁裴子野幾原撰子野諸暨令

南齊書 梁蕭子顯撰

梁書 唐姚思廉撰

陳書 唐姚思廉撰

南史 唐李延壽撰

隋書 唐魏徵等撰

唐書 唐韋述撰

唐書 石晉劉昫等撰

新唐書 宋曾公亮歐陽修宋祁等撰

五代史 宋盧多遜等撰

新五代史 宋歐陽修撰

宋史 元揭溪斯歐陽元同修

元史 胡粹中作明宋濂等修

明史 雍正中大學士張廷玉奉敕修

資治通鑑 宋司馬光君實撰宋胡三省註

通鑑綱目宋朱子元晦撰　綱目續編元陳桱子經撰

宋元通鑑明薛應旂撰　路史宋羅泌長源撰

越絶書無撰人名氏相傳以為子貢或曰子胥皆非也玩其自叙蓋袁康吳平皆後漢時人

吳越春秋後漢趙曄撰　搜神記晉干寶撰

江表傳唐虞溥撰　吳越備史吳越掌書記范坰巡官林禹撰

十國記年宋劉恕道原撰十國一王蜀二孟蜀三吳四唐五吳越六閩七楚八南漢九荆南十北漢

十國春秋康熙初仁和吳任臣撰　順存錄康熙初仁和錢受祺撰

史槩明朱國禎撰　明實錄

宏簡錄明邵經邦撰　續宏簡錄康熙中邵遠平戒三撰

續高士傳明長洲皇甫涍子安撰　稗史集傳
書錄解題吳興陳振孫撰　黃氏書目
焦氏經籍志明焦竑撰　百川書志
通典唐杜祐撰　鄭夾漈通志略宋鄭樵漁仲撰
文獻通考宋馬端臨貴與撰　續文獻通考明王沂撰
大清會典　水經漢桑欽撰後魏酈道元註
十道志唐梁載言撰　元和郡縣志唐李吉甫撰
太平寰宇志宋樂史撰　圖經宋李昉撰
越州圖經宋李宗諤撰　輿地廣紀宋歐陽忞纂

輿地紀勝 宋王象之撰

輿地勝覽 宋祝穆撰

輿地紀要

名勝志 曹學佺撰

一統志 康熙十二年勅修

王會新編 康熙中茹鉉仔蒼撰

分省人物考 明過庭訓撰

浙江通志 嘉靖辛酉學憲薛應旂修今稱嘉靖浙江通志又康熙癸亥督撫彙纂今稱舊浙江通志又雍正七年督撫奉勅修今稱浙江通志

兩浙名賢錄 明徐象梅撰

浙士登科考 陳汝元撰

兩浙賦役全書 萬歷壬子彙修康熙間再輯今載賦役志中者係乾隆二十九年纂輯

會稽和買事宜 宋紹興中浙東帥洪邁景盧提舉常平鄭湜補之集

平定浙東紀畧 康熙十三年浙閩總督撰

會稽郡記晋孔曄撰　會稽志宋嘉泰中通判吳興施宿武子郡人馮景中陸子虛朱𤰈王度等撰陸放翁為之序　會稽續志宋寶慶中梁國淏撰

紹興府志宏治中府訓導長洲戴冠著未及刊今稱宏治紹興府志嘉靖初知府南大吉修刻未竟今稱嘉靖紹興府志萬歷中郡人張元忭孫鑛同修今稱萬歷紹興府志康熙辛亥知府張三異聘句章王嗣臯修康熙癸亥知府王之賔聘郡人董欽德修康熙辛未知府李鐸修康熙己亥知府俞卿聘郡人鄒尚周徐彩修今概稱紹興府志　於越新編萬歷戊午山陰諸萬里編

經野規略明劉光復撰光復諸暨知縣　苧蘿志明張夬纂輯夬諸暨知縣

五洩苧蘿逸事明周文煒著見芻詢錄文煒諸暨主簿

會稽縣志明張元忭徐渭修　蕭山縣志康熙初毛奇齡修

寧波府志明鄞縣張時徹唯靜修　鄞縣志康熙中知縣汪源澤修
定海縣志明張時徹修　象山縣志乾隆中知縣史鳴皋修
金華府志明陸鳳儀修　浦陽人物記明宋濂撰

子

戰國策漢劉向錄　呂氏春秋秦呂不韋撰漢高誘註
春秋元命苞漢延光二年李宏等議　春秋文耀鉤
通占大象歷星經　清類天文分野書洪武中劉基編以十
二分野星次分配天下郡縣詳載古今沿革　內緯秘言
人物志後魏劉邵孔才撰　雲溪友議唐范攄撰

太平御覧 宋太平興國中李昉等奉詔輯書成帝日覧三卷一年而讀周賜名太平御覧

太平廣記 宋太平興國中詔李昉等編纂書成同太平御覧上之

青箱雜記 宋吳處厚撰晁氏曰處厚發蔡確車蓋亭詩所記多失實成都置交子務起於寇瑊處厚乃以為張詠他多類此處厚諸暨主簿

夢溪筆談 宋沈括存中撰

能改齋漫録 宋吳曾虎臣撰

南村輟耕録 元天台陶宗儀九成撰

書史 宋米芾撰

竹派 釋蓮儒撰

翰府名談

耆舊續聞

樵書 明來集之元成撰

紫桃軒雜綴 李日華撰

霏雪録 明山陰鎦績孟熙撰

筠廊二筆 康熙中商邱宋犖牧仲撰

神仙通鑑劉守亮撰　高僧傳宋僧慶祥撰

釋氏稽古略　獻徵錄

集

駱賓王集唐義烏駱賓王撰　宋之問考功集唐宋之問延清撰

王右丞集唐王維摩詰撰　王江寧集唐王昌齡少伯撰

李翰林集唐李白太白撰　戎昱集唐戎昱撰

秦隱君集唐處士秦系公緒撰　歐陽集唐歐陽詹周行撰

嚴維集唐山陰嚴維正文撰維諸暨尉　盧綸集唐盧綸允言撰

胡幽貞詩見唐詩選　樓穎詩見後蜀韋縠才調集

鮑溶集 唐鮑溶德元撰

施肩吾西山集 唐吳興施肩吾撰

于濆集 唐于濆子漪撰

張蠙集 唐清河張蠙象文撰

魚元機集 唐女冠魚元機撰

范文正公集 宋范仲淹希文撰

六一居士集 宋歐陽修永叔撰

王介甫臨川集 宋王安石介甫撰

趙清獻公集 宋趙忭撰

黃魯直豫章集 宋黃庭堅魯直撰

汪彥章浮溪集 宋婺源汪藻彥章撰

岳武穆集 宋樞副鄴郡岳飛鵬舉撰

鄮峰真隱漫錄 宋四明史浩直翁撰

渭南集劍南詩藁續藁 宋山陰陸游務觀撰

東萊呂太史集 宋呂祖謙伯恭撰

越問 宋孫因撰

梅溪集 宋樂清王十朋龜齡撰

會稽三賦　宋王十朋撰

四六類藁　宋建安熊克子浚撰克以王丞相季海薦驟用趙温叔當國莫知其所以来頗毁其由徑沮之上意向之不能回也克諸暨知縣

水心集　宋永嘉葉適心則撰

秋宜集　元揭傒斯撰

黃文獻公集　元黃溍晉卿撰溍諸暨判

柳待制文集　元浦江柳貫道傳撰

玩齋集　元貢師泰撰

金臺集　元迺賢撰

淵潁先生文集　元浦江吳萊立夫撰

五雲漫稿　元韓性明善撰

存復齋集　元朱德潤撰

任齋詩集　元柯九思敬仲撰

雲林集　元倪瓚撰

句曲外史貞居集　元張雨伯雨撰

玉笥生遺藁　元會稽張憲撰

雲槎集　元富春吳復見心撰

東郭生集 元崑山郭翼羲仲撰

廬陵集 元廬陵張昱光弼撰

九靈山房集 元浦江戴良叔能撰

錢翯詩 見楊鐵崖古樂府吳復編

宋學士文集 明宋濂景濂撰文粹劉誠意选定續文粹門人方孝孺刊後乃彙爲潛溪文集

華川集 明義烏王禕子充撰

楊孟載集 明楊基孟載撰

張来儀集 明潯陽張羽来儀撰

清江集 明貝瓊廷琚撰

蘓平仲集 明金華蘓伯衡撰

臨安集 明錢宰子予撰

遜志齋集 明方孝孺希直撰

楊文懿公文集 明四明楊守陳維新撰

静菴文集 明山陰蕭鳴鳳子雝撰

商文毅公集 明商輅撰

吳尚書集 明長洲吳寬原博撰

息来集寄我軒集彀齋稿萍

居稿明會稽唐之淳愚士撰

邃谷集濯纓亭筆記和會稽懷古詩明府學訓導長洲戴冠章甫撰

陽明文錄文成公全書明餘姚王守仁伯安撰

升菴外集明新都楊慎用修撰

緒山集明餘姚錢德洪洪甫撰

越詠明山陰王埜輯張天復增輯

櫻桃館集文長逸稿明山陰徐渭文長撰

朱文懿公集明朱賡少欽撰

鏡心堂集明陶允宜懋中撰

歇菴集明會稽陶望齡周望撰

灊碧堂集明公安袁宏道無學撰

避園擬存雜文亭詩文亭歷遊記明山陰王思任季重撰

陳大樽集明陳子龍人中撰

白日樵真稿明陳繼儒眉公撰

李廷尉集明李清映碧撰

梅村集吳偉業駿公撰以後國朝人

靜惕堂詩文集平湖曹溶潔躬撰

陶菴文集越人三不朽圖贊山陰張岱宗子撰

漁洋山人集王士正阮亭撰

賴古堂集周亮工櫟園撰

愚山詩集宣城施潤章尚白撰

青門賸藁邵長蘅撰

曝書亭集秀水朱彝尊錫鬯撰

陳檢討四六集宜興陳維崧其年撰

南雷文案南雷文定餘姚王宗羲太沖撰

曾庭聞集曾初名傳燈字楚田後更名畹字庭聞江西寧都人

西河合集蕭山毛奇齡大可撰

越郡詩選蕭山黃運泰毛奇齡輯

望溪文集桐城方苞靈皋撰

葦問集湛園未定稿慈谿姜宸英西溟撰

懷清堂集仁和湯右曾西厓撰　朴山文集淳安方楘如文輈撰

墨汀文集山陰徐廷槐笠山撰

本邑書目引用甚多俱詳見經籍志茲故不贅

諸暨縣六

諸暨縣志目次

人物 隱逸

卷三十一

恩倖

卷三十二

列女 貞孝

卷三十三

列女 貞孝 名媛 閨秀

卷三十四

仙釋

諸暨縣志卷首

圖

縣境圖

縣城圖

縣治圖

學宫圖書院附

苧蘿山圖

五洩山圖

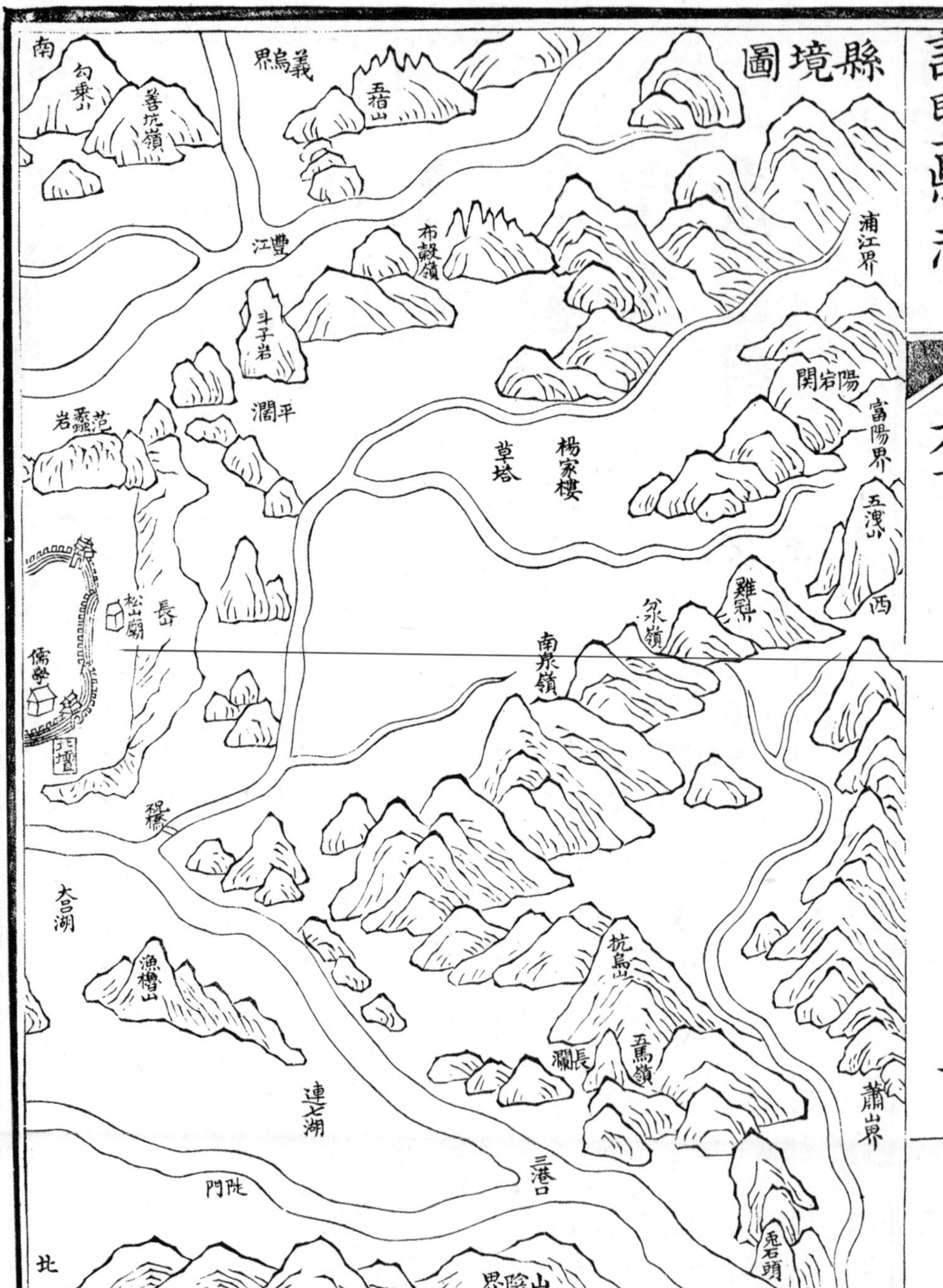
縣境圖
南
句乘山
善坑嶺
義烏界
五指山
豐江
布穀嶺
斗子岩
平闊
芝蠶岩
草塔
楊家樓
浦江界
陽岩關
富陽界
五洩山
西
南泉嶺
松山廟
長山
儒學
連七湖
三港口
陡門
抗烏山
五馬嶺
長瀾
蕭山界
山陰界
北

東陽界
平湖
横山
浮塘山
街亭
裡浦溪
會義橋
平湖
演武場
永壽寺
浣紗
苧蘿山
諸暨縣
走馬崗
東
新店灣
烈女祠
高湖
茅渚橋
楓橋鋪
嵊縣界
乾溪鋪
泌湖
白塔湖
會稽界

縣城圖
奎文閣
城隍廟
火神廟
儒學
諸暨縣
采芹橋
衆安橋
太平橋

諸暨縣志

卷首

圖

三

縣治圖

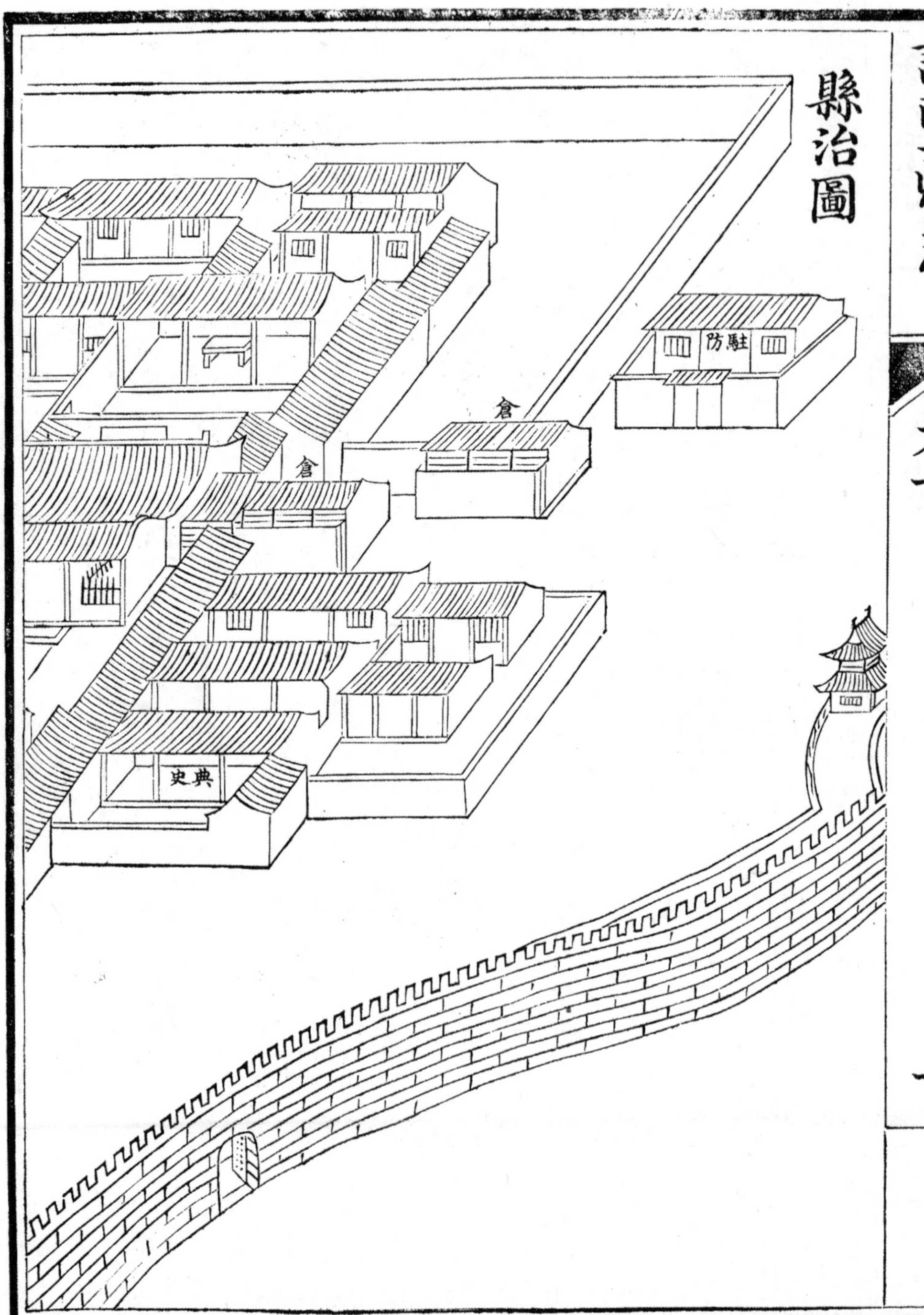

諸暨縣志　卷首　圖

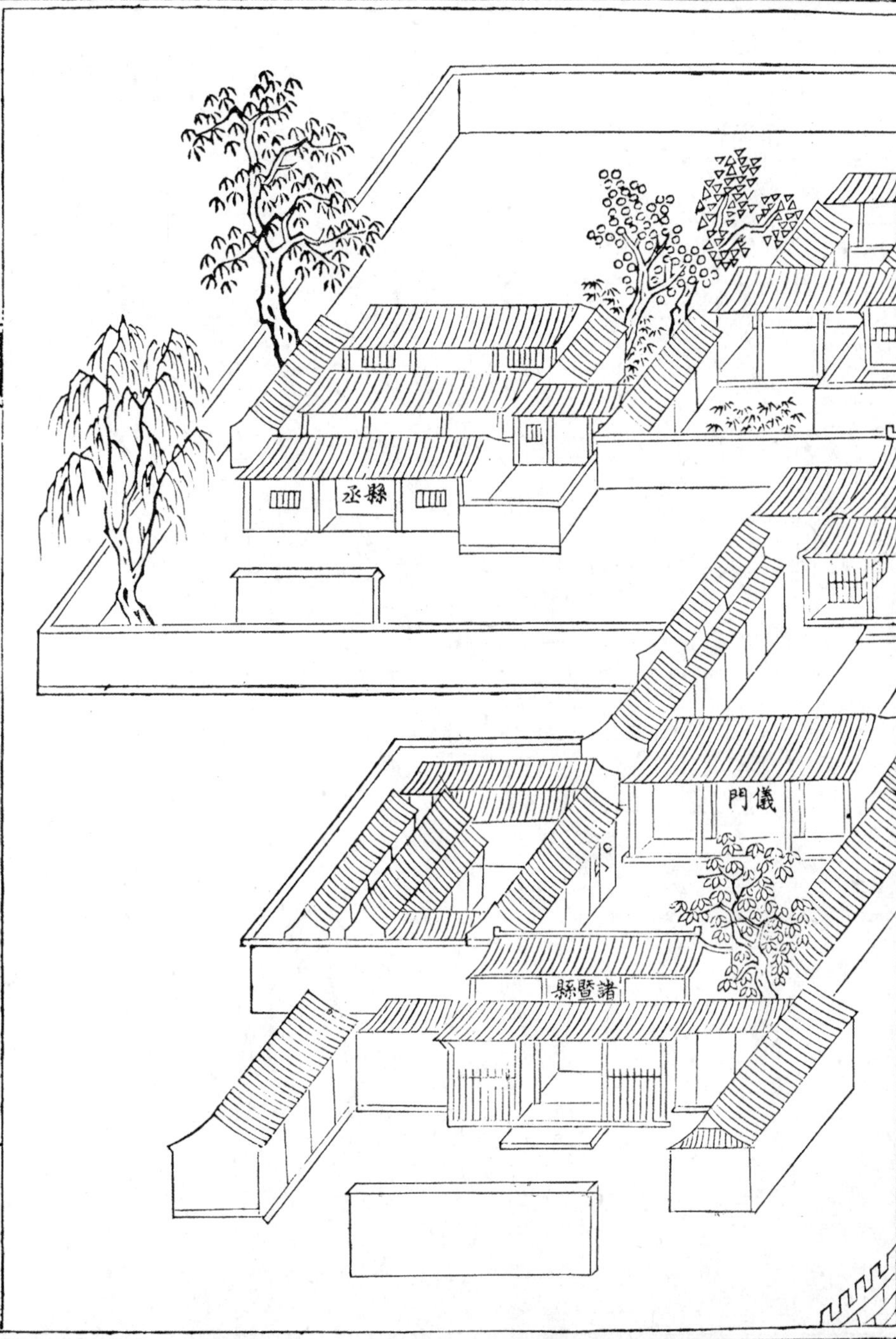

學宮圖
毓秀書院

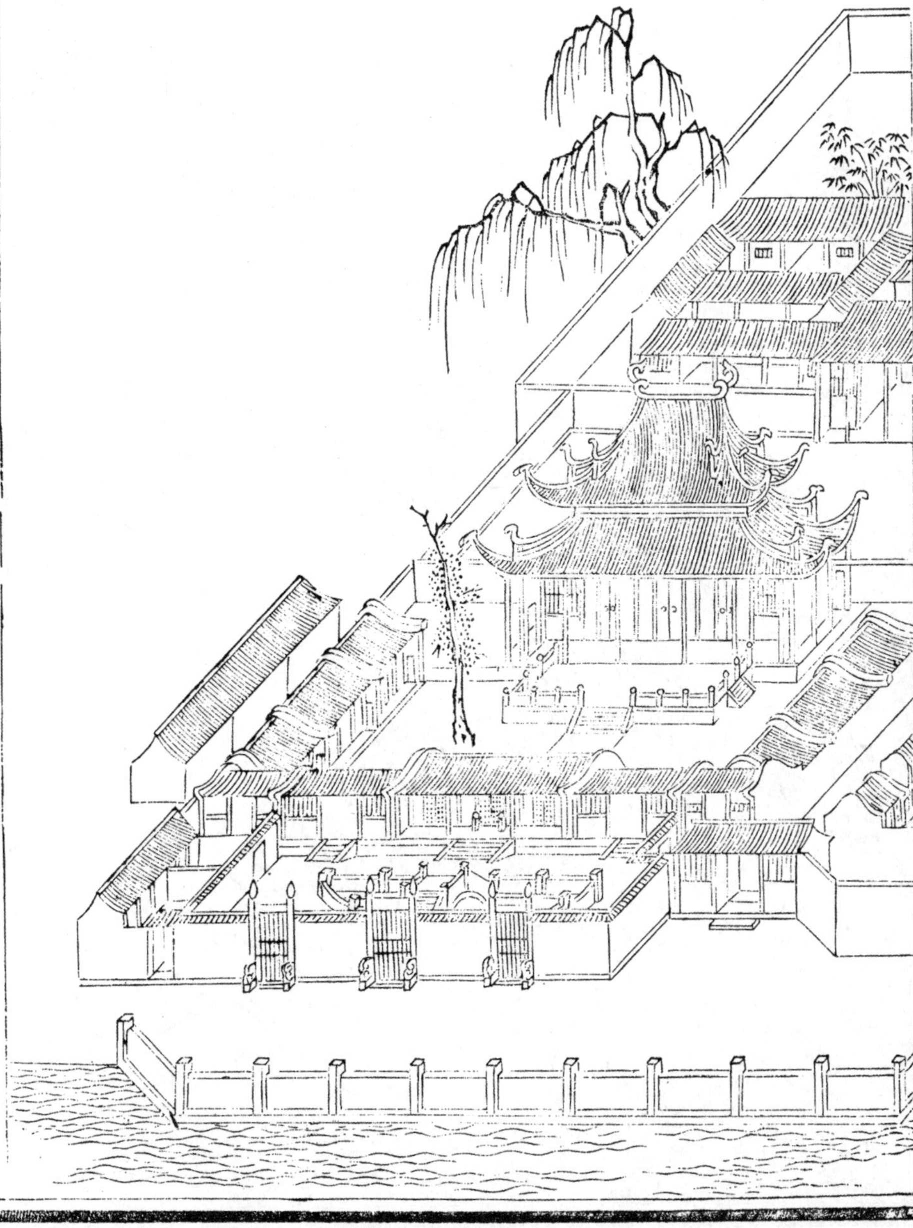

苧蘿山圖
金雞山

諸暨縣志　卷首　圖

五洩山圖
響鐵嶺
龍井
夾岩洞
輔德岩
迴波岩
會仙臺
涵秋峯
棲真巖
東龍潭
金岩
三學禪院
玉女峯
積翠峯
擲錫岩
童子峯
鉢盂峯
望拜臺
白雲峯
石屏
朝陽峯

諸暨縣志　卷首　圖　二

西龍潭
遇龍峯
堆藍峯
遂隱岩
出雲岩
摘星岩
倚天岩
石門
壁立岩
雙峯岩
俱胝岩
翔鳳岩
垂雲岩
碧玉峯
石磯
石鼓
四壁岩
香爐峯
天柱峯
鬱孤峯
石筍
卓筆峯
特起峯

古者有史必有圖而輿地方域之書圖爲九要文人辭筆搜抉幽隱能使萬物無遁情若乃相其陰陽觀其流泉一如身歷目遇軒豁呈露於紙上則非文章家之能事矣馬融之言曰東西爲廣南北爲輪王制東西兩遥一近南北兩近一遥蓋合圖而欲周知郡縣廣輪之數晰其離合豈不難哉昔元人李惟中繪長安圖三卷凡夫神皋京輦城郭市井溝渠屈曲面勢一一可以指識秀水朱竹垞氏謂當與宋敏求長安志並觀然則邑志有圖雖

循舊制正非漫然者余故首列諸圖而為之申明其說如此知諸暨縣事震澤沈椿齡識

諸暨縣志卷一

建置

封建尚矣由封建而郡縣邑之建置因之古今一揚榷之林也談大瀛海於九州之外覽有始於天地合和之初其言似難而實易至語以所居之邑或源或委得失昭然其言似易而實難昔唐太宗記郡國沿革馬端臨志州縣異同謹為標舉歷代之制度以審定一邑之規模竊以兩言揭之於古宜確於今宜詳志建置

沿革 建置一

皇古

羅泌路史高陽氏後暨彭姓沂之承有旣亭即古暨國杜云鄫縣東北有旣亭今鄫城在承縣東其派者為諸暨本曰餘暨有暨浦諸山隸越

謹按諸暨餘暨皆暨國分派曰諸暨者諸暨國之地曰餘暨者暨國之餘也據路史則暨之為暨由来巳久而前志何未有採及之者但餘暨即今蕭山本二縣路史似合而為一亦誤又按路史諸亦彭姓春秋之諸國注云正奢切自與諸暨之諸字同音異

三代

路史夏后氏後諸暨秦縣界有諸山暨浦允常之都

國語句踐之地南至於句無韋昭解今諸暨有句無亭是也

酈道元水經注諸暨縣臨對江流江南有射堂縣北帶烏山故越地也夫槩王之故邑先名上諸暨亦曰勾吳矣故國語曰句踐之地南至句無勾吳讀如句無

秦

越絕書秦始皇帝三十七年東遊之會稽道度牛渚奏東安槿頭道度諸暨到大越乃更命大越曰山陰已去奏諸暨錢塘因奏吳上姑蘇臺

考史記秦始皇本紀二十五年王翦悉定荆江南地降越君置會稽郡意諸暨亦建始於其時越絶於秦始皇帝三十七年東遊曰度諸暨奏諸暨此紀實之文前此者據今証古皆後人追書之詞耳

浙江通志建置表周允常所都秦諸暨縣屬會稽郡

隆慶駱問禮志沿革記諸暨自周已前俱揚州境但其邑土名稱幷所屬概不可考春秋時固屬之越王句踐知其爲夏少康庶子無餘之後矣然三代之制雖大國不過百里而越之分茅若此其大豈其奉禹之祀遂得而踰其常制哉此其説有未盡明者

謹按諸暨屬越固已考史記越世家楚威王大敗越殺王無疆意其時諸暨又服入于楚至駱志謂奉禹之祀得踰常制殊不然周公封魯太公封齊地非不足也而儉於百里越為周室不成子豈有踰其常制者春秋之世大國兼數圻矣越為荒服其建國或不如中原之碁置相錯而後乃拓而大之非分茅之舊也

〔寇仲溫諸暨縣記〕諸暨櫧概也吳王闔廬弟夫槩所封之地即今之槩浦鄉是也邑之西有山上多櫧木俗謂之櫧山

〔萬歷紹興府志〕諸暨縣越王允常所都或言西有櫧山北有槩浦或言無諸舊封夫槩故邑皆上下各

取一字從省稍轉訛耳

〔隆慶駱志質實篇〕諸暨之得名舊說謂吳夫槩封諸槩浦西有櫧山櫧從省而為諸槩亦從省而為既既槩同音故諸暨實櫧槩也今按夫槩吳公子也何以得封越地雖句踐固曾事吳考之吳越春秋其入吳時諸大夫送至西陵而返西陵今蕭山縣西興也則曷嘗以其地同入而謂吳公子得封之哉縱得封之越既滅吳不惟越人重以其所封為稱即繼越者其肯舍數百年之故國而獨崇其一

時暫得之稱謂必不然矣且越地何處無櫧而轉櫧為諸轉槩為暨說尤可笑考之字義諸者衆也暨者及也或曰禹會計而諸侯畢及也又曰諸物萃聚暨諸貨之生息也似為近之然畢竟皆無證據

謹按諸暨之得名直據路史界有諸山暨浦似較明確想秦置縣時特表識其界之所有而因以命名猶禹貢所紀濟河惟兖州海岱惟青州云爾即諸山亦作櫧山槩浦亦作槩浦或櫧槩之轉而為諸暨抑或諸暨之轉而為櫧槩皆未可知大抵地名相沿已久傳寫互異往往有之勿怪也據國語夫槩王作亂是以復歸于吴左傳夫槩王歸自立也以與王戰而敗奔楚為堂谿氏韋昭解及杜預

注皆云夫槩王闔廬之弟據宋嘉泰中施宿會稽志槩浦在縣北十九里吳王闔廬弟之子夫槩所封是封槩浦者為闔廬弟之子則或者因亂而奔厥父奔楚厥子奔越皆仇國也而越人用之為謀主以圖吳即如吳之用伍員及伯州犁之孫嚭者然殆未可知揆諸時勢當在檇李禦吳以前抑或夫槩既已奔楚而吳王為擇遠地以封其子如漢之王淮南四子者然亦未可知揆諸時勢當在諸稽郢行成之後春秋時楚材晉用如雍子封鄐子靈封邢賁皇封苗尚亦有之況其後越又臣服于吳哉而後人翻駁駱志謂即令公子監國之意是又不然吳王夫差既許越成方爭盟上國彼且何嘗以越為心況越之欲報吳者載在國語及越絶書吳越春秋諸書極詳豈有人爲監之而聽其若是者乎駱志又以人情測之不知稱之者非越人亦非繼越之人乃置縣之人也秦也秦則豈復戀戀於越抑又以字義通之亦豈焚書之世已著有字説而名之哉愚故以為直據諸山暨浦其明確

較多然又不若據暨國分派曰諸暨其淵源較悉而自来未有採及之者遂至諸說紛紛訖無定論也

漢

漢書地理志會稽郡諸暨（莽曰疏鹵）

謹按漢初會稽郡領縣二十四諸暨屬焉高帝六年以淮東五十三城立從兄賈為荆王十二年立兄子濞為吳王更以荆為吳國景帝四年復為會稽郡昭帝始元二年會稽郡領縣二十六諸暨屬焉平帝時莽改諸暨為疏鹵世祖建武初復

後漢書郡國志會稽郡諸暨

謹按東漢初會稽郡領縣二十七順帝永建四年分置吳郡會稽郡領縣十四永和三年會稽郡領

縣十五諸暨皆屬焉

三國吳

宋書州郡志東陽郡吳寧令漢獻興平二年孫氏分諸暨立豐安令漢獻興平二年孫氏分諸暨立

謹按後漢書郡國志注於諸暨載興平二年分立吳寧縣此與沈約南宋書同又於太末載建安四年孫氏分立豐安縣此與沈約南宋書異隆慶駱志興平二年孫氏分立吳寧豐安二縣此與沈約南宋書同萬歷紹興府志漢獻興平二年分諸暨之大門村為漢寧後改漢寧曰吳寧建安四年分太末立豐安此與漢書州郡志注同與沈約南宋書異据方輿紀要浦江縣西南有豐安廢縣沈約南宋書所載是也後漢書郡國志注云建安四年孫氏分太末立豐安縣俁愚謂廢縣在浦江縣西

南則非諸
暨也闕之
又按駱志分立吳寧豐安二縣屬東陽郡所分者屬東陽郡而諸暨仍屬會稽郡也且又有辨據三國吳志寶鼎元年分會稽為東陽郡則在寶鼎以前雖吳寧豐安亦屬會稽

晉

晉書地理志　會稽郡統縣諸暨

南北朝

宋書州郡志　會稽郡諸暨令漢舊縣

南齊書州郡志　會稽郡諸暨

謹按吳寶鼎元年會稽郡領縣十晉地理志宋州郡志南齊州郡志會稽郡領縣皆十姚思廉梁陳

書州郡

無志

〔浙江通志建置表〕諸暨縣漢後漢三國晋南北朝宋

齊梁陳並屬會稽郡

隋

〔隋書地理志〕會稽郡諸暨〔注〕有浅溪太農湖

〔浙江通志建置表〕諸暨縣隋開皇中屬吴州大業中

屬會稽郡

謹按隋平陳改東揚州曰吴州統縣四置總管府大業初廢置越州縣仍四後廢州為會稽郡

〔隆慶駱志質實篇〕舊志載隋開皇九年廢吴寧復入

諸暨今按隋書地理志東陽郡統縣四内金華縣注云舊曰長山置金華郡平陳郡廢又廢建德太末豐安三縣入改為吳寧縣十二年改東陽十八年改名焉並無廢吳寧入諸暨之文考會稽郡統縣四内會稽縣廢山陰永興上虞始寧四縣入書之甚詳豈有吳寧入諸暨而不書之者未知舊志何據

謹按清類天文分野書吳寧隋開皇中縣罷分五鄉入烏傷亦未有復入諸暨者按胡三省資治通鑑注吳寧溪今之婺港是也以今水道言之並非諸暨所有

唐

唐書地理志 越州會稽郡諸暨 望

謹按唐書地理志武德四年改會稽郡置越州

舊唐書地理志天寶元年改越州為會稽郡

舊唐書地理志 儀鳳二年分會稽諸暨置永興縣天寶元年改為蕭山

謹按隋書地理志云平陳廢永興入會稽而前此不聞有廢永興入諸暨者是會稽之分置永興為復而置之而諸暨之分置永興則割而置之也

五代吳越

十國春秋 吳越東府越州領縣諸暨 注 初改暨陽天寶元年乃奏改

諸暨

謹按十國春秋乾寧四年錢鏐號越州為東府注國中亦稱東都浙江通志後梁開平二年吳越改元天寶私行於境中既而復通中國或諱而不稱十國春秋據其行於境中者而書故曰天寶元年

隆慶駱志質實篇舊志載人多呼諸暨為暨陽蓋由毗陵有無陽鄉丹陽道中有暨陽驛或者因彼而誤此今按晉毗陵郡有暨陽縣乃分無錫毗陵二縣置至唐時始廢鄉驛之名皆由於此諸暨雖舊有暨陽站未詳實否縱一時有之亦何足稱誤之一言得矣

謹按吳越僻處一隅而改暨陽時亦無幾故鮮有究詳及此者十國春秋所書未知何據必有所本

駱志誤之一言似非定論

浙江通志建置表 諸暨縣唐屬越州五代吳越屬越州

謹按越州唐高祖武德四年領縣四七年領縣六高宗垂拱二年領縣八元宗開元二十六年領縣六德宗貞元元年領縣七梁開平元年領縣八

宋

宋史地理志 紹興府諸暨望

清類天文分野書 乾道八年以其地之楓橋鎮置義

安縣後省

隆慶駱志質實篇舊志載義安縣所轄蓋長阜大部長寧長泰花亭東安西安紫巖花山義安也今按義安之轄十鄉大要不遠矣但其中亦有去縣治近而離楓橋遠者姑闕之

元

元史地理志元貞元年升州

元史地理志紹興路領諸暨州下

浙江通志建置表諸暨縣宋屬紹興府元屬紹興路

謹按宋元通鑑建炎四年升越州為紹興府宋史地理志紹興府領縣八萬歷紹興府志孝宗乾道八年分諸暨楓橋為義安領縣九元史地理志至元十三年改紹興路元貞元年陞餘姚諸暨為州紹興路領縣六州二

明

明史地理志 紹興府諸暨府西南元諸暨州太祖己亥年正月改諸全州丙午年十二月改為諸暨縣西南有新城在五指山下太祖癸卯年李文忠所築西有長山又有五洩山南有句乘山又有浣江即浦陽江亦曰青弋江又西南有長清關西有陽

塘闕二巡檢司廢

〔史県〕至正十九年己亥諸暨改為諸全州至正二十六年丙午改諸全州為諸暨縣

〔浙江通志建置表〕諸暨縣明初為諸全州洪武二年復為縣屬紹興府

〔隆慶駱志〕洪武三年庚戌改諸暨縣仍屬紹興改路為府

謹按明初改縣據明史及史県為至正二十六年丙午據浙江通志建置表為洪武二年己酉據隆慶駱志為洪武三年庚戌三說不同

明史地理志紹興府元紹興路屬浙東道宣慰司太祖丙午十一月爲府領縣八

國朝

浙江通志國朝諸暨屬紹興府編户一百五十二里

紹興府志官制辟繁中

章平事志國朝諸暨自乙酉五月中歸附實順治二年未幾會稽鄭遵謙挾魯藩烏合阻江明年丙戌六月再平

縉紳全書諸暨縣繁疲難

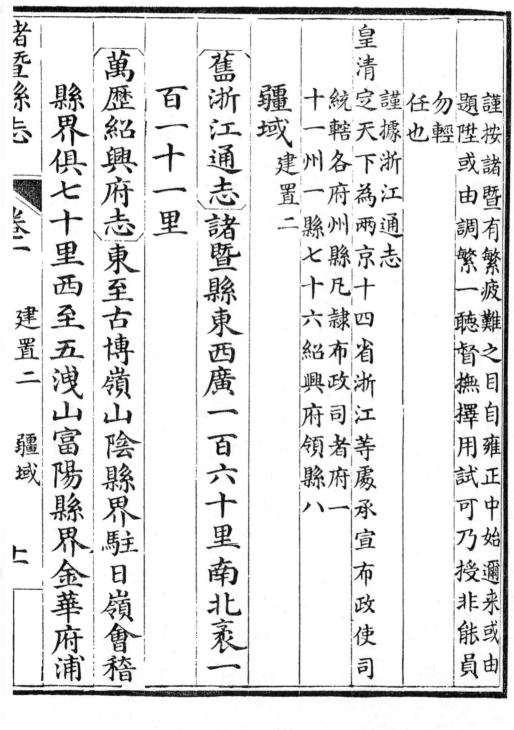

謹按諸暨有繁疲難之目自雍正中始邇來或由題陞或由調繁一聽督撫擇用試可乃授非能員勿輕任也

謹據浙江通志

皇清定天下為兩京十四省浙江等處承宣布政使司統轄各府州縣凡隸布政司者府十一州一縣七十六紹興府領縣八

疆域　建置二

舊浙江通志諸暨縣東西廣一百六十里南北袤一百一十一里

萬歷紹興府志東至古博嶺山陰縣界駐日嶺會稽縣界俱七十里西至五洩山富陽縣界金華府浦

江縣界俱五十里南至善坑嶺白巖山金華府義烏縣界六十里北至兎石頭蕭山山陰二縣界俱九十里東北至白水山山陰縣界九十里西北至雀門嶺富陽縣界七十里西南至日入柱山浦江縣界七十里東南至宣家山嵊縣界八十里而近白水嶺金華府東陽縣界八十里而遥

右界

浙江通志至本府一百一十里至布政司二百里至

京師四千四百二十里

右程

城池建置三

紹興府志諸暨舊城不知築於何年舊志云圍二里四十八步高一丈六尺唐開元中令羅元開建東北門天寶中郭密之建西南門吳越王錢鏐遣王永修築之至正末明兵取諸暨是時縣為州將軍胡大海重築州城左浣江右長山圍九里三十步為門者五東迎恩南迎薰北朝京西西施而水門不名未幾守將謝再興以諸暨叛大將軍李文忠

馳來擊之未克乃去州六十里別築一城名諸全新州已而紹興平舊城亦下仍即舊城為縣而新城廢成化以後舊城久漸圮民皆據為宫室惟門存嘉靖中倭寇為患知縣林富春至乃擬築城撓者紛紛一日榜示曰城本官地決不與民城本官造決不擾民毋再議遂興工剋日告成不笞一民而所議給帑金尚未啟封先是施知縣堯臣築蕭山城聲籍甚人為之語曰蕭山城打成諸暨城誘成問民孰良看兩城城週四里凡千三十丈有奇

高一丈八尺雉堞六尺共二丈四尺有奇樓門四東禹封玉帛南句乘雲物西蠡湖烟月北槩浦桑麻水門三（林富春自誌）嘉靖三十四年冬請築城於監司時公帑告虛民力勿競請責官泌湖以益之議曰可乃以十二月十一日起工越三十五年六月報罷公私費計六萬有奇董其事者鄉之耆老與其十遞年總而督之則富民袁旅壽泰駱東陽蔡烈吳大賢何相何元德蔣巍樓守道陳天麟俞拱壽九萬趙曉黃道中王元梓陳鶴年也

國朝順治十五年部院李率泰檄行每堞增高六尺并二為一凡堞皆有隙以便發矢銃凡數堞間增一砲臺

〔城工册〕乾隆三十一年奉
特旨普修天下城垣，諸暨城亦在估修之列，領帑七千八百三十四兩，共修城身九十六段，通計八百三十三丈，共築城垛七百二十有四，每垛長一丈，高五尺六寸，厚二尺，門樓四座，每座高二丈一尺，濶二丈二尺。於乾隆三十二年八月經始，三十三年三月報成，知縣陳燦承辦。三十四年春，雨連綿，復坍内外舊城身數段，知縣沈椿齡接任，捐廉俸八百餘兩，僱買重修，城乃一律鞏固，不領帑，不復册報。

〔隆慶駱志〕諸全新州城，五指山下，今廢。

義安縣治楓橋今廢

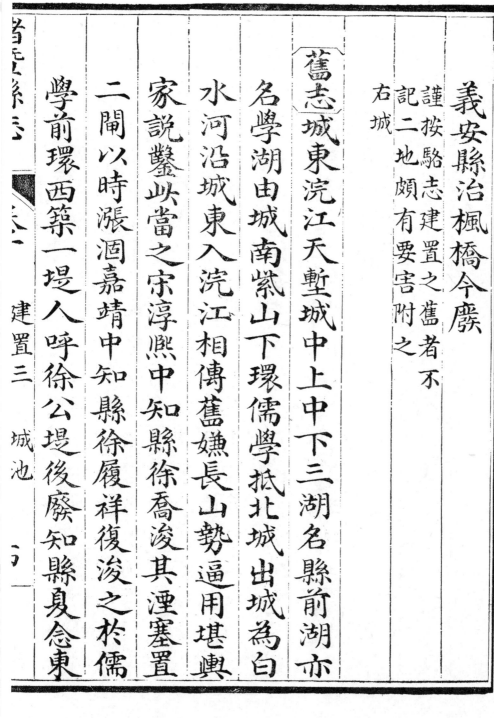

謹按駱志建置之舊者不記二地頗有要害附之

右城

舊志城東浣江天塹城中上中下三湖名縣前湖亦名學湖由城南紫山下環儒學抵北城出城為白水河沿城東入浣江相傳舊嫌長山勢逼用堪輿家說鑿岴當之宋淳熙中知縣徐喬浚其湮塞置二閘以時漲涸嘉靖中知縣徐履祥復浚之於儒學前環西築一堤人呼徐公堤後廢知縣臾念東

復築之〔教諭陳源記〕諸暨學宮西南皆水也令令夏侯蒞學周視垣宇內外頎而嘆曰非制也天子之學曰辟廱以水旋邱如壁也諸侯之學曰泮宮以水半於辟廱也今學宮之水偏帶西南不應古制合築以界爲乃屬曾尉尉訪前令徐公舊葺堤於是使人測其底度其膚面高深廣袤凡若干丈土石工價計百金公乃捐俸為之倡勸民之有力而好義者助之凡三月而工成湖水頗濁民不堪汲每有澄清之議而阻於地勢之難為力說者謂萬一闔門三日將有拜井之虞惟計長者慮之而已

右池

我

國家定鼎以来兵火不遭土木不興生聚保障於其間者已歷百數十年矣昇平日久中外一家城隍雉堞或漸有卑以堙者重門禦暴之意謂何於是

上廑

宸衷特頒

諭旨修葺天下城工直省次第興作而暨邑亦於丁亥秋經始程物庀材增卑倍薄縻帑金共如干緡而民間無一絲一力之擾崇墉言言一律鞏固

聖天子體國經野之盛心至周至備非常之原羣黎永

賴雖小而一邑亦屹然萬禩之金湯也　沈椿齡識

署廨 建置四

隆慶駱志縣治中城少近東北

嘉靖浙江通志秦時開縣建治宋建今治舊志嘉泰中丁崇重建嘉泰會稽志廨內有琴堂元陞為州治洪武三年復為縣治舊志明初己亥屯兵守禦燬於兵

宏治紹興府志洪武初知縣田賦重建

浙江通志正統己巳燬知縣張鉞重建正德己卯圮知縣彭瑩重建山陰蕭御史鳴鳳記諸暨浙東鉅邑也地阻而俗美環山為湖累溪

為江而田於湖山之間雨暘非其時則亢濕異宜灌洩甚艱故歲無常稔治之非其人則寬猛異劑民不帖服故事多廢弛比年以来自學宮以及諸公署皆荒圮弗治而邑之廳事墜壓尤甚上雨傍風殆無所障蔽前令馬侯思聰甞一經畫矣尋以陞任不果今令大庾彭侯瑩既蒞政之明年吏畏其廉民服其公爬梳剔抉理皆就緒禱祈兩應農亦告登乃節畜凡費以稽羸財贖民細故以徵餘力學宮諸署以次修復又期年而廳事亦成侍御吳公華按治至邑嘉其舉廢而民不勞也曰吾當有以助汝則又以贓罰所儲檄輸于邑而鼓樓坊牌又成庠生徐君俊仁輩相率来告請紀其績是役也為廳事凡三楹廳之左右稍下為蓮幕為庫藏凡二楹又下兩廡為六房左右凡十八楹為儀門于前凡三楹又前為鼓樓凡五楹又前為坊牌凡三座悉取堅完勿事華侈丞與尉某某皆有贊襄之

力焉

〔浙江通志〕崇禎十六年又圮知縣錢世貴重建府司理陳子龍為之記載藝文志

國朝順治四年燬〔章志〕丁亥九月山寇猝至廳廡門樓一夕盡燬康熙九年知縣蔡杓重建〔邑人余御史縉記〕蔡侯諱杓字而執號瞻嶽福建泉州府晉江人由丁酉科進士受

命出都余方巡視京城過謁閭即取吾暨之民風士氣山川關隘而詳詢之當報政之期矢公而革徭田之弊巡行而復經野之規具懾奸摘伏之神釋竊逃株連之累追黃白渡之私漁而石梁重建清茅渚埠之官田而輿杠再新葺縣治建廳事堂捐俸勸輸不踰時而異材林集庶民子来政事以舉民氣以和中為正廳後為川堂為後堂西為內宅正廳東為幕廳前為戒石亭為

儀門爲譙樓庫西爲丞衙儀門內東爲典史衙堂

西爲吏舍

計開

正廳爲間三舊顏曰明正堂

川堂爲間三正德中知縣彭瑩顏曰忠愛堂

國朝康熙中知縣魏觀以後堂閉塞去之

後堂爲間三嘉靖中知縣朱廷立撤而新之顏曰

三事堂〔朱廷立記〕大庾彭君之尹諸暨也撤廳事之舊而新之榜曰忠愛彭轉官兩屆子代爲撤堂之舊而新之榜曰三事清以植其本也慎以審其幾也勤以致其成也所貴乎清以其惠所

貴乎慎以其斷所貴乎勤以其要可以語三事則
可以語忠愛而後於人臣之道為無愧於乎此彭
君之所以善學夫古
余亦以窃學于彭也隆慶中知縣夏念東改顔寅
恭堂自是修改不一康熙中知縣佟世燕修顔曰
新民堂乾隆中知縣張端木改顔曰思補堂後堂
西為内宅有省心室又西有堂為間三康熙中知
縣朱扆顔曰君子堂以堂前植竹故名乾隆丁丑
知縣張端木修顔曰雙清堂

幕廳一間正廳東乾隆中改為倉

庫一間正廳西

東廊九間分房四曰吏曰户曰禮曰承發西廊九間分房三曰兵曰刑曰工今東廊增塩房堂號房招房西廊後爲吏舍東西廊於康熙十三年山寇竊發盡被焚燬知縣吳龍震重建

戒石亭一座舊在儀門内當甬道之中今移譙樓外當大門之中

儀門爲間三今儀門之西有房曰架閣

大門譙樓爲間三隆慶中知縣夏念東改建夏念東記

諸暨鼓樓之内儀門之外爲民居隐佔突據其中高樓宴肆喧嘂萬千聽理公庭者方下官階即入

酒樓高會矣予承乏是邑覩斯樓之圮已有年歉一新之而費無所出乃捐俸為之不足又損鋪役之浮食者以益其數徵民肆計五丈有奇橫減是之半償之以值約三十六金建崇樓稍易其向所費倍是是役也典史曾君應祐老人趙世誠實董其事丞篁村王君祐簿懷石習君節樂觀厥成例得並書老人石有德等請碑而亭之於是乎記

雍正七年知縣張長庠重建

土地祠　儀門內東廊南

迎賓廳　三間儀門左知縣夏念東重建

旌善亭　儀門左廂知縣夏念東重建

監　儀門外西

縣丞衙舊在幕廳東因主簿缺裁遂移主簿衙在縣庫西舊縣丞衙今為倉

主簿衙缺裁今為縣丞衙

典史衙儀門內東

駐防衙在縣廳東又楓橋設駐防嚮鐵嶺設駐防蕭緝私安華鎮設員緝私皆有營房

右官署

布政分司〔隆慶駱志〕登仕橋西正廳川堂後堂東西廊廚浴房書吏房中門大門各三間〔章志〕即南司今地惟地存

按察分司〔隆慶駱志〕東門內正廳川堂後堂東西

廊廚浴房書吏房中門大門各三間隆慶中知縣夏念東修萬歷丙申知縣尹從淑修〔章志〕即北司今圯

府館〔隆慶駱志〕面外泮池西向正廳三間川堂一間後堂大門三間今為永利倉

税課司〔舊志〕在縣南洪武初設正統己未裁革課程本縣帶辦

得心堂〔舊志〕在縣内今廢

燕倦齋〔舊志〕縣廳東宋時建今廢

廉石堂〔舊志〕丞廳今廢

逍遥齋〔舊志〕簿廳宋主簿吳處厚建有記載藝文志

雙蓮亭〔舊志〕主簿廳側宋慶元間雙蓮産此故建

窺月臺〔舊志〕尉治内

右廢署

觀稼亭〔紹興府志〕在城東二里舊名接官亭後廢明嘉靖中知縣朱廷立復之名觀稼後又圮知縣劉光復以其址建貞烈祠〔朱廷立觀稼亭說〕浣江之東去縣二里許舊有接官亭亭廢豪右據其地而田圃之二十餘祀矣兩厓子復爲搆亭三間門一間環以墻題曰觀稼或曰奚以今名更舊名也曰子未知之乎諸曁之地湖山半爲旱澇亦半爲始予以癸未吏是邑明

年夏旬未雨山田之民走於庭告曰旱矣予往觀焉則見夫田燥如也塘涸如也稼綫如欲槁也越三日不禱而雨雨未及旬湖田之民走於庭告曰澇矣予往觀焉則見夫田洋如也堤頹如也稼渺如無見也越二日不禱而雨止是歲稼無全稔予曰是不可以無備冬乃南往山中謂山民曰爾其浚爾塘以資灌乎東轉湖謂湖民曰爾其築爾堤以禦衝乎民曰吾事也樂而事事至明年三月雨至五月無告澇者六月不雨至八月無告旱者是時也工告亭完予至亭四望則見夫昔之燥如洋如者潤如井如矣昔之涸如頹如者盈如城如矣昔之綫如渺如者芃如碩如矣非得于吾前之所觀耶是故亭曰觀稼庶乎後之來者以時觀焉可也彼名接官者暫焉云爾喜雨亭志喜也醉翁亭志樂也觀稼亭志憂也惟其憂乃能始而喜終而樂也敢為說以書諸亭今為節孝祠

楓橋公署〈紹興府志〉在縣城東五十里有喜雨堂

即楓橋鋪也今廢知縣李文麟詩偶沾微祿念王程每到山郵一駐旌形勝不殊歸杜曲簿書非復對韓藥民饒只合勤輸賦政拙尤宜自勸耕遙望白雲千里外愧無雙舄比王生

宣何公館章志離縣南六十里萬歷中知縣時偕行刱建尹從淑成之館今廢惟址存

右行署

醫學紹興府志舊名惠民藥局在縣前西街洪武甲子設醫學碑記乾隆七年監生趙驤捐田十畝九分零以資施濟知縣方以恭詳憲勒碑

陰陽學紹興府志在縣前西街洪武甲子設

僧會司紹興府志舊無廨宇洪武甲子設今在智

度寺

道會司紹興府志舊無廨宇洪武甲子設今在乾

明觀

右雜署

養育所附

養濟院隆慶駱志城北一里房二十餘間

謹按萬歷紹興府志養濟院宋謂之居養院嘉泰志曰居養院以惠養鰥寡孤獨立法甚備宣和初詔裁立中制由是居養之法寢廢不舉伏讀

聖朝

恩詔內開各處養濟院收養鰥寡孤獨及殘疾無告之人有司留心舉行月糧依時發給無致失所

申命頻頒有加無巳
皇恩浩蕩豈有極哉

育嬰堂（育嬰堂冊）在城西蟹眼橋內乾隆三年邑人郭仙城遵父元宰好義遺志倡捐房屋一所計正樓三間側樓四間廳三間門一間并捐田貳百畝以為僱乳育嬰之資知縣方以恭秦勸詳憲立案於乾隆六年開堂收嬰一時慕義者踵武樂輸續捐田二十七畝例定乳母每月人給三百錢逐年冊報

謹按毛奇齡育嬰堂碑記順治初益都相國奏開育嬰堂於崇文門外而宛平相國復繼之其式遂

頒於天下雍正二年奉
上諭飭天下廣育棄嬰吾暨設此庶幾仰體
皇仁不失保赤之誠云爾

領屬　建置五

隆慶駱志按舊志本縣所屬載有楓橋鎮縣東五十里南安鎮縣西五十里楓橋紙局興樂驛縣南五十里亭淵驛縣南二十里鹽倉酒務各二一在縣西北一在楓橋巡檢司五紫巖寨縣北八十里管界寨縣東八十五里嵊縣界新界寨縣西南浦江界陽唐闗縣西南浦江界長清闗縣西富陽界俱唐宋所設而廢于元今亦莫詳其實

元所屬蒙古字學捕盜司楓橋巡檢司湖頭巡檢司開化巡檢司楓橋驛楓橋稅課司即稅務餘未盡詳

明所屬儒學稅課局洪武初年設正統四年革十一年復設嘉靖四十五年復革醫學陰陽學僧會司道會司俱洪武十七年設

章志

國朝所屬儒學陰陽學僧會司道會司

驛傳建置六

待賓驛嘉泰會稽志在縣西南六十步今廢

興樂驛嘉泰會稽志在縣南五十里今廢
亭濶驛嘉泰會稽志在縣南二十里今廢
楓橋驛嘉泰會稽志在縣東南五十里久廢
使華驛嘉泰會稽志在縣東百六十步久廢
館驛隆慶駱志按舊志載有館驛初名使華驛唐初名待賓館大歷中令邱岳改諸暨驛宋興國間號新驛後改皇華仍復使華元改暨陽站今爲館驛夫舊志所謂令者非指正統景泰間與然則諸暨舊有驛矣而不言設何官且館驛者驛傳總名

也豈有置驛而無專名者意或唐宋以來原有驛
後革之而特存其館以為賓客至止之地耳

鋪舍〈賦役全書〉衝要八鋪縣前譙樓西十里東十里張駝嶺東二十里新店灣東三十里櫟橋東四十里楓橋東五十里乾溪東六十里古博嶺東七十里司兵各五名偏僻五鋪桐樹嶺南十里鯉魚橋南二十里寒熱畈南三十里李家橋南四十里湖頭南五十里羅嶺南六十里

倉廒建置七

預備倉〈隆慶駱志〉城隍廟側正廳三間廒二十六間門三間

〔舊志〕洪武辛未建隆慶間知縣梁子琦修顔曰廣仁堂〔邑人周繼夏記〕國家于郡邑例設預備倉入粟儲之待凶荒也石渠梁公治邑體國勤民首於預備倉注意焉覩倉厫頽敝不堪儲積乃取給公羡以典幕曾君董其事飭材鳩工建廳事於中圜拓厫舍于兩翼恢崇環固而制大備始事于戊辰仲秋越有二月而告成扁曰廣仁堂當歲稔則大其積貯可善經久之藏及歲凶則時其賑施用周一方之急其爲仁也不亦廣乎公諱子琦字汝珍號石渠中都壽州人乙丑進士曾君名應祐字錫之號碌溪南昌豐城人

東倉〔舊志〕在楓橋

南倉〔舊志〕在長浦

西倉〔舊志〕在靈泉

北倉（舊志）在花山

便民倉（舊志）二一在縣東永壽寺一在三港口江南

埠頭

右倉廒謹據前志錄之然或廢弛已久基址無存非皆現在所有也

永利倉（章志）萬歷己未知縣劉光復以諸暨歲苦旱澇置官田若干歲取其息貯之府館以備賑名永利倉

（知縣劉光復記）初復念陸年仲冬抵暨目擊其旱魃遺殃家户傍徨困頓狀搜之帑庾俱已懸磬幸當道許假權宜民頗樂義猶得因人濟人沿都量給亦或藉民旦夕然得無時不及待僅不能移奄奄竟作餒鬼者乎蒙兩院允糴社穀一千七百餘石得銀五百餘兩因帮銀買桐樹

鋪前田七十六畝零并先買黄沙滙及下十里鋪共田一百九十六畝零歲課三百餘石總計三年生息約千餘石縣有額穀社有四倉而此倉又日積歲充小歉議平糶大祲用賑貸復之竭蹶為此者不忍當吾世而毋見顛危又不忍以身親莫措之苦更貽艱於後人也倉中一顆一粒莫非民膏寸木片瓦俱仗民力謹誌予懷以告同志

額貯倉穀冊在學側湖水頂

乾隆中重修編天時地利人和公溥字號

廣濟倉

額貯倉穀冊在公廨雍正中設編九天雨露沛恩澤廣濟普施字號

永豐倉

額貯倉穀冊在訊廳後雍正中設編大有頻書民力足天庚豐盈億萬斯年字號

永盈倉【額貯倉穀册】在儀門内乾隆中設編仁義禮智信字號

永裕倉【額貯倉穀册】在縣署左側乾隆中設編恭寛信敏惠字號

贊政倉【額貯倉穀册】在堂側乾隆中設編贊字號

惠濟倉【額貯倉穀册】在儀門内乾隆中設編稼穡作甘字號

坊里 建置八

【舊志】二十二坊招賢坊　西施坊在西施灘　范隣坊又名茇亭

又名采蓮通上湖近范相壇故名 永寧坊 臨津坊在義津橋東 永壽坊在浣江東 安仁坊在縣前今在北門 勸農坊在東門外 製錦坊在縣橋前本名永安 集貨坊 華纓坊在北門外本名永昌 浣溪坊本名范川 彩織坊本名永歲舊酒庫在爲對上橋巷通養濟院觀故名 台輔坊本名永樂宗叅政姚憲所居改今名在浣江東 使星坊本名永泰近使華驛得名在縣東通西施坊 芝山坊本名義開唐令郭密之以山多芝草作亭其上而改名爲又名靈芝坊 相門坊宋縣令王榕所居左丞安禮曾孫故名 神秀坊以東嶽行宮而名在浣江東 狀元坊淳熙巳酉上舍陸唐老釋褐故名 丹桂坊在北湖橋南高蓧傳與屠性同年中江淅右亞榜故名 聯桂坊在北門內至正甲申屠性

王賀同登江左亞榜故名

二十二坊外有承流宣化坊在縣前　牧民坊在縣前　集賢坊本名臨壓　探花坊在學前永樂壬辰廷試三名王鈺　進士坊在稅課局前成化戊戌馮珏　父子登科坊在縣前直街馮讜馮珏　貢元坊南司西首正德丙寅朱琅　司諫坊學前翁溥　少司馬大司寇坊縣前直街翁溥　京兆師儒坊縣前直街　旌孝坊陶朱山前永樂時孝子趙紳　步雲坊阮溥　會魁坊楓橋陳璣　尚文坊楓橋陳璣　國賢坊楓橋陳元魁　尚賢坊楓橋永樂時駱鞴　繼魁坊楓橋陳翰英　師帥坊楓橋成化辛丑駱瓏　相國坊楓橋陳元昭　京闈進士坊楓橋陳欽　進士坊楓橋正德庚辰陳賞　興

賢坊在長瀾街永樂癸卯俞德昭　世科坊在西塢呂升呂公愿呂詵　蹈鼇坊在黃沙橋天順壬午張汲　登科坊張肅　亞魁坊在興樂里正統丁卯徐琦　登第坊次峯宣德癸丑俞僴　中浦坊離縣四十五里紫草塢口　涇國公坊在六十四都　會魁坊盧墓永樂甲辰胡瓘　濬門坊上林斯汝霖　三節坊楓橋俞門

節孝之門在江東袁仲解妻黃氏　貞節坊在楓橋駱宗廸妻鄭氏

以上俱遵前志此後

旌表建坊者各詳本傳不復載入

〈萬歷紹興府志〉城内四隅共領圖七東隅領圖二宋合第七十都第七十一都第七十二都為安俗鄉領里五丁橋柵潭東朱沙岱烏石　西隅領圖三南隅領圖一北隅領圖一以上宋合正一都附一都為陶朱鄉

領里四：前應、茅渚、長山、白隅。二鄉内有二十坊：招賢、西施、范隣、永寧、臨津、永壽、安仁、勸農、制錦、集貨、華纓、浣溪、彩織、道山、台輔、使星、芝山、相門、神秀、狀元。元初安俗鄉增永樂、大唐二里，陶朱鄉增相門一里，後乃割二鄉之半為四隅，共領坊二十二，省范隣、道山，增茭亭、桂花、丹桂、聯桂，分領坊無考。

城外八十四都，各領圖不一。正一都領圖一元同，附一都領圖二元三圖，以上宋為陶朱鄉之半。第七十都領圖二元四圖，第七十一都領圖二元四圖，第七十二都領圖二元同，以上宋為安俗鄉之半。正二都領圖一元三圖，附二都領圖一元二圖，以上宋為開元鄉，領里二：溪山、下墅。元初增樹林一里。第三都、第四都俱領圖三元俱六圖，第五都、第六都俱領圖三元俱四圖，正七都領圖四元五圖附七都領圖一元二圖以上宋為花山鄉領里五白門象湖晚浦中浦下浦元初增石江一里第八都領圖三元四圖正九都領圖三元同附九都領圖一元二圖以上宋為義安鄉領里六俞宅迴隊茹繩朱墓洩下里亭第十都領圖二元三圖第十一都領圖一元二圖第十二都領圖一元三圖以上宋為縣浦鄉領里六陳宅大馬塗塘獨山樓下南安元初增新亭陶朱長溪三里第十三都領圖二元同第十四都領圖一元二圖第十五都領圖二元三圖第十六都領圖二元同以上宋為靈泉鄉領里五後金石蠏地岸高塚斗泉第十七都第十八都第十九都俱領圖一元俱三圖以上宋為諸山鄉領里二

梅山清潭墅畈元初增興古尚賓二里第二十都第二十一都俱領圖一元三圖以上宋為同山鄉領里三西坑東向豊江第二十三都正二十四都俱領圖二附二十四都領圖一元俱同以上宋為長浦鄉領里二興樂赤岸第二十五都領圖二元五圖第二十六都正二十七都俱領圖一元俱二圖附二十七都領圖一元同以上宋為超越鄉領里四乾溪同古前山塘頭元初增龍析上泉義井三里第二十八都領圖二元三圖第二十九都領圖一元四圖正三十都領圖一元二圖附三十都領圖一元同以上宋為天稠鄉領里四鯉湖坎頭硯石高塘第三十一都第三十二都俱領圖

二元俱四圖第三十三都正三十四都俱領圖一元俱二圖

附三十四都領圖一元同以上宋為金興鄉領里四平泉稠水蕙渚街亭元初增建德崇山二里第三十五都領圖一元同第三十六都領圖四元六圖第三十七都領圖一元三圖以上宋為龍泉鄉領里四板橋黃澤樓子黃畈元初增梅溪崇賢藥王崇岡高崇樂安六里第三十八都領圖一元三圖第三十九都領圖二元四圖第四十都領圖一元二圖以上宋為開化鄉領里十沉坑苦竹峽山岳風渾里算溪福田演溪獨山大門大門即吳永興縣故址元初增大田良田湖田三里第四十一都領圖一元三圖

第四十二都領圖一元二圖第四十三都領圖二元三

圖

第四十四都領圖二元四圖以上宋為孝義鄉以宋賈恩名領里十流子湖塗白水白隅黃碧小際杜坑城演官員錢里元初增果林上林崇仁城山崇化五里

第四十五都第四十六都俱領圖一元俱三圖

正四十七都領圖二元三圖

附四十七都領圖二元同以上宋為花亭鄉領里五大林白社徐岸五竈後岸元初增龍泉建興陽明松岡永昌五里

第四十八都領圖二元四圖

第四十九都領圖二元三圖

第五十都領圖三元同以上宋為長寕鄉舊名永寕領里五步溪大坑石砩馬塘黃山元初增豐義瓜山高湖三里

第五十一都領圖一元三圖

正五十二都領圖一元二圖

附五十二都領圖一元同以上宋為大部鄉領里三白水白豐

安樂元初增奉化香山富樂宜仁四里第五十三都領圖一元二圖第五十四都領圖二第五十五都領圖一元俱同以上宗為長阜鄉舊名永昌領里二上劉前塘元初增招德招賢蘭臺招習白水塘里六里第五十六都領圖二元三圖第五十七都正五十八都附五十八都俱領圖一元俱同以上宗為東長安鄉舊名永安領里五屠里湖部招桂杜塢烏程元初增安明永明楓橋長塘石潭五里舊無第五十九都第六十都領圖二元同第六十一都領圖一元二圖第六十二都領圖三元同第六十三都領圖三元四圖以上宗為紫巖鄉領里八黃潤盛後白櫟金汀岳駐牛格中里琴鳴元初增釣臺臨川永修三里第六十四都

領圖二元四圖第六十五都領圖二第六十六都領圖六元俱同以上宋為西長安鄉領里七杜汪銀治竹浦吳墅秘浦孔胡祈祈元初增安陽江南二里正六十七都領圖四元五圖附六十七都領圖二元同第六十八都領圖五元六圖正六十九都領圖二元二圖附六十九都領圖一元二圖以上宋為長泰鄉領里十望海桑溪竹熟漁櫓鄭墅竹橋皂山新城古塘薑隴元初增越女九江二里編户共一百五十二里

【隆慶駱志】舊志宋計二十四鄉元分長泰為南北計二十五鄉明因之大率舊鄉有里今則鄉有都附

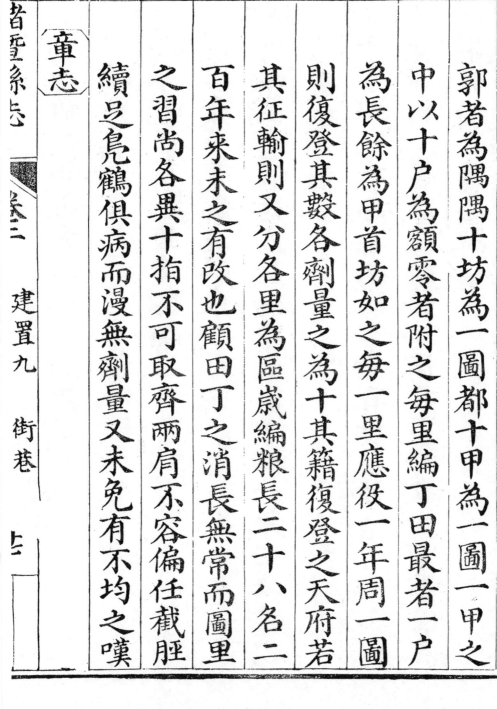

郭者為隅隅十坊為一圖都十甲為一圖圖一甲之
中以十户為額零者附之每里編丁田最者一户
為長餘為甲首坊如之每一里應役一年周一圖
則復登其數各劑量之為十其籍復登之天府若
其征輸則又分各里為區歲編粮長二十八名二
百年来末之有改也顧田丁之消長無常而圖里
之習尚各異十指不可取齊兩肩不容偏任截脛
續足鳧鶴俱病而漫無劑量又未免有不均之嘆

章志

新例一概從田從古便民之法無過於此

街巷建置九

夫子巷　舊志臨津坊南

見家巷　舊志浣江東

孝義巷　舊志在楓橋中市由丁祥一孝王汝錫以義起因名

十字街　舊志縣南地當衝百貨輻輳

紫羅街　舊志西隅登仕橋北石砌紋如紫羅因名

半爿街　舊志縣東

楓橋街　舊志有上中下三市分東西街商賈駢集

長瀾街　舊志在花山

前塘街　舊志在長阜

上横街　舊志城内

下横街　舊志城内

市鎮　建置十

草塔市　舊志十六都舊屬南屏鎮

排頭市　舊志二十九都

街亭市　舊志三十四都

孫家溪市〈舊志〉五都

横山市〈舊志〉三十六都

店口市〈舊志〉六十一都

三都市〈補遺〉在縣西二十里

黄濶街市〈紹興府志〉在縣北六十里

楓橋鎮〈紹興府志〉五十四都宋東尉司地開禧間鹽盜竊發安撫辛弃疾申置乾道八年改義安縣析義安等十鄉屬之淳熙元年復為鎮仍遣京官監鎮元因之改巡檢司領鄉六長寧大部長阜東

安西安紫巖洪武初仍設廵司正統間革

越郡今分八邑會稽建始自南北朝陳新昌建始自五代吴越而諸暨建始自秦山陰餘姚則開皇中廢武德中復蕭山則開皇中廢儀鳳中復上虞則開皇中廢貞元中復而諸暨不廢蕭山名餘暨吴改永興唐改蕭山嵊本名剡宋改嵊而諸暨不改八邑之中獨諸暨為最古覩沿革槩可數矣疆域之廣亦他邑未之有及也洪惟我

皇清定鼎以来重熈累洽久道化成暨邑歷百餘年不

遭兵火故亦無土木之工方今奉
勅普律修城下及於暨亦思患預防之道耳至署廨則
以時修葺而有餘今志興作無多一太平之徵也
若夫統領屬以肅官方整驛傳以待發遣積倉廒
以備凶荒斯良有司之事已古来有治人無治法
自宋行保甲而元明因之坊長里長攘攘紛紛
本朝一槩從田而民樂其業雖唐虞三代之世豈有加
為街巷則行者讓路市鎮則貨惡其棄于地也不
必藏於己庶使俗敦古處乃不失為

聖世之民哉知縣事震澤沈椿齡識

山川

釋名云山産也言産生萬物川穿也穿地而流也爾雅從釋地以下至九河皆禹所名而諸暨在東南會稽則畧而弗及此亦如天台之闕載於常典豈不以所立冥輿其路幽廻故耶夫造物之功東南之勝獨會稽知名總言之也析言之則如吾暨某山某川其能孕靈怪藏珍寶生霞雲而盡勝槩者亦復遼數不能終謹編次以成帙庶按籍而可

稽志山川

山

長山〔萬歷紹興府志〕一名陶朱山在縣西一里南北可長十有餘里高五千餘丈其頂平博有石室可坐百人有峯特秀曰文筆峯俗呼白楊尖北有戚家嶺亦曰七岡南有范蠡巖下有五湖鴟夷井舊有陶朱公廟相傳范蠡居其下

〔明邑人張世昌詩〕陶朱山頭楓葉殷山人一去何時還闔廬墳荒白虎逝毆治劍古青蛇蟠鴟囊有智帷籌決烏啄多憂淚成血封存大禹拓遺疆力掃夫差殄餘孽功成自古抽身

難五湖烟浪秋漫漫風吹故宅智井黑漆燈夜照藤盤寒

邑人胡學詩　會稽伯業如飛烟陶朱山色秋依然層巖日落楓葉赤古井泉冽幽篁妍功成獨羨五湖往禍福之機指諸掌寶劍誰尋地下術黃金空鑄山中像凭高弔古臨西風安樂孰與患難同漢朝韓信亦人傑鳥盡始悟藏良弓

邑人趙仁詩　蕭蕭黃葉響梧楸路入陶朱灝氣浮千載鶴歸山月白五湖舟去水雲愁依巖柳色連城堞拍岸波光帶浣流鑄像黃金何處在崔巍依舊枕東州

姑蘇陳述詩　草迷故宅空秋雨樹抱幽巖自夕陽

毓秀山　萬歷紹興府志　亦名小陶朱山在城中當縣學後

紫山【萬歷紹興府志】在城中西門内

明餘姚錢德洪詩二首

雲峰不可躋，邐迤凌空碧。絶棧珠絲懸，連岡鳥道窄。俯蹈滄溟翻，仰攀北斗側。凌虛振羽翰，飄鷂豁襟臆。我欲駕長虹，披雲扣元極。沉湘烟水迷，蒼梧澗道隔。化城不可居，岐陽久寥寂。兹意竟何如，臨風倚奎壁。

望望登高岑，芙蓉插空翠。躡足凌雲梯，峯頭振雙袂。乗虛御八極，嗒然遺下塊。有容不能從，匍匐攀蘿桂。初登跬步慳，臨高萬象會。譬彼始學人，窮探及高邃。勿憚道路難，行行志竟遂。勉哉千里足，為爾正韁轡。

姚舍山【萬歷紹興府志】在城中西城下

石庭山【萬歷紹興府志】在縣城南不一里形甚小

石皆紫色堪輿家謂是縣之印山

苧蘿山【嘉泰會稽志】苧蘿山在諸暨縣南五里【輿地志】諸暨苧蘿山西施鄭旦所居其方石乃曬紗處【吳越春秋】得苧蘿山鬻薪之女曰西施鄭旦【十道志】句踐索美女以獻吳王得之諸暨苧蘿山賣薪女曰西施山下有浣紗石【太平御覽】羅山今名苧蘿山山足下有王羲之墓孫興公文王獻之書碑今不存

【唐王維西施詠】艷色天下重西施寧久微朝仍越溪女暮作吳宮妃賤日豈殊衆貴

来方悟稀邀人傳香粉不自着羅衣君寵益嬌態君憐無是非當時浣紗伴莫得同車歸持謝隣家子效顰安可希

李白浣紗石

西施越溪女出自苧蘿山秀色掩今古荷花羞玉顔浣紗弄碧水自與清波閒皓齒信難開沉吟碧雲間句踐徵絕艷揚蛾入吳闗提攜舘娃宫杳渺不可攀一破夫差國千秋竟不還

樓頴西施石

西施昔日浣紗津石上青苔思殺人一去姑蘇不復返岸傍桃李為誰春

魚元機浣紗女

吳越相謀計策多浣紗神女去相和一雙笑靨才回首十萬精兵盡倒戈范蠡功成身隱遁伍胥諫死國消磨只今諸暨長江畔空有青山號苧蘿

宋知縣丁寶臣詩

過溪小雨晚風凉凝望西村尚夕陽出現洛神光艷動迴翔巫

女魄魂香魚腸刺客猶難避匕首夫人豈易防為憶吴王宮裏醉專諸蚤已改新粧

邑人姚寬詩 婷婷初出苧蘿春一笑當年國自傾絲網珠璣迷去路鴟夷風月倍多情遥山尚擁雲鬟翠流水空聞玉佩聲千古人傳浣紗地王軒何事得逢迎

元浦江吴萊詩 巧笑回頭異態生明珠論斗比猶輕山圍故堞青蘿色水湧寒灘白苧聲百萬甲兵終畏敵尋常花草豈傾城歸来徒作興亡鑒誰寫當年一寸誠

明山陰唐之淳詩 岧岧溪上山溪水清見石草木耀人目花葉有五色中有浣紗人窈窕世鮮匹越人幸見求將我至吴國館娃為我居長洲為我域片言千乘輕一笑萬金直當時同浣者還顧鵬鸇隔越土日以闢吴步日以蹐君王徙甬東玉貌亦淪寐夏訓戒色荒厲階詩所斥褒升宜囙廢已進比干黜忠胥會有靈應為茲山惜

長洲戴冠詩 溪上西施祠溪邊浣紗石山靈欲亾
吴生此佳冶色地非塗苧里人豈褒
妲匹誓雪吾君耻甘心事仇國笑劍傾吴城女戎
戱疆域蹇衣畏零露鐲鏤賜遺直歌舞樂已酣忠
諫路遥隔一朶宫花開三千水犀踣吴越兩郎土
木落山寐寐伯業盡爲沼何用遠封斥事大孟軻
取善戰春秋黜世變
山依然徒令後人惜

邑人張世昌詩 浣紗石上秋芙蓉洛妃湧出清波
中雲佩空遺會稽浦仙桂吹入吴
王宫吴王共醉瓊瑶席玉山自倒渾無力眉翠親
添兩點愁眼波浸破千年國城頭鼓角風凄凄一
舸自逐鴟夷歸姑蘇臺前
鬼夜哭江中白浪如銀屋

邑人胡學詩 苧蘿山頭雲氣流浣紗灘頭江色秋
浣紗女兒膚玉潔碧波照映芙蓉愁
館娃一去無消息月冷故鄉歸不得誰知一派涓
涓流滔天竟沼夫差國幾年覇越功已成五湖浩

溯扁舟輕獨有胥濤激餘怒横逸欲與灘争丕

邑人駱問禮詩二首　溪轉峯迴小徑斜離城臨市鎖雲霞共憐此地山如畫不見當年貌似花戰敗力求傾國色功成誰問賣薪家村中士女今非昔肯向江邊更浣紗

奔馳一使兩朝通燈燭蘸臺徹夜紅吴越興亡如昨日蠡員成敗逐飈風漢從胡地留青塚唐向嵬坡望紫宫芳草斜陽多少恨西村烟月五湖中

金鷄山

名勝志與苧蘿山相對越絶書鷄山豕山句踐以畜鷄豕者俗訛鷄山為金鷄　萬歷紹興府志在縣東五里許豕山在民山西去縣六十三里洹江以来屬越疑豕山在諸暨界中今無考

漁檣山萬歷紹興府志在縣北二十五里縣之坐山

松山萬歷紹興府志在縣西七里許山下有漢朱太守買臣廟注按買臣吳人漢會稽自治吳買臣雖有惠政不應諸暨有廟疑因會稽守誤

明邑人張世昌詩會稽太守吳門客昔年負薪人不識衮龍天近日初明金馬門深露尤滴漢家天子登夔龍百年禮樂唐虞風金印歸來大如斗錦衣直照天南東丈夫英雄誓許國生當封侯死廟食烏啼老屋起秋風淚痕濕透羊公石

邑人胡學詩英雄未遇失好醜龍其魚兮虎如狗買臣頗侶尋常人典郡終懷會稽綬金門獻策聲赫然錦衣照耀白日妍百年伉儷負初志五十富貴寧非天鄉人尚得崇明祀廟貌空

山薦芳芷摩崖斷碣感壯懷落日樵歌下烟市

九眼山〈萬歷紹興府志〉在縣西九里有石如眼者九

東白山〈嘉泰會稽志〉在縣東九十里一名太白峯連跨三邑其在剡曰西白在東陽曰北白〈萬歷紹興府志〉絶高者爲太白次爲小白面東者爲西白面西者爲東白在東陽者曰北白按剡錄云峻極崔嵬吐雲納景趙廣信昇仙處也雙石筍對立如闕有廣信丹井水洌於氷在山之陽瀑泉怒飛清

被巖谷懸下三十丈稱瀑布嶺產仙茗山有白猿赤玃又有鳥如雞文彩五色口吐綠綬長數尺號吐綬孔曄會稽記剡縣西七十里白石山上有瀑布水巖際有蜜房採蜜者以葛藤連結然後至劉宋時褚白玉嘗隱於此在東白山立嘯猿亭疏山軒西白山有二禪師道場齊雲閣

唐戎昱送清澈遊太白 卷經歸太白躡蘚到蘿龕若履浮雲上須看積翠嵐倚身松入漢瞑目月離潭此境堪長往塵中事可諳

宋釋仲皎詩三首 放意在雲表飄然更自由挂烟羣目冷啼月一山秋梟梟清風

裏凄凄碧澗頭三聲
融妙聽行客若為愁
啼切孫猿晚更哀柴門半掩白雲来
山童問我歸何晚昨夜梅花一半開
無地卓錐生計難且空雙手到林間偎隨碧水瞻
明月堅打白雲賒好山巖石空邊依草舍藤蘿低
處看松關年来老去知
何許合向人間占斷閑

又遇雪看山

西白名山處那堪帶雪看四圍銀世
界一色玉峯巒夜色和天冷清暉放
月寒溪梅初一
二着意為渠看

又疏山軒

竹外泉聲急松心月色寒
人間推絕曠只自倚欄干

又東西二道場

勝境東西白高僧一二禪只知行
道處不記在山年澗月平分照林
花各自妍披雲尋
舊址猶在絳峯邊

又齊雲閣 山雲吹斷路頭開此處疑穿月脇來恠底行人看碧落笑談容易作風雷

元邑人吴銓詩 滿路荊榛入杳冥攢空巇崿競蒼青光照五緯天應近勢控三州地最靈類異羽毛詢牧叟驗多藥草按圖經樓臺轉自婆娑界兩耳剛風耐靜聽

五指山 隆慶駱志東南去縣七十里在孝義鄉與在同山鄉者頗類

白巖山 萬歷紹興府志一名巢句山在縣南六十五里義烏界縣治對焉

句乘山 嘉泰會稽志在縣南五十里國語越臣於吴吴更封越南至句乘即此萬歷紹興府志義烏

界其山九層俗呼九乘山山南有句無亭北十五里有千秋橋萬歲橋相傳句踐曾棲於此

金潤山〈萬歷紹興府志〉在縣南六十里下有坑相傳有金宋元間命官淘采間得之如糠粃然銷鍊無成知州馮翼上其事罷之明永樂四年又遣行人視爲無冶鑄迹亦罷

越山〈萬歷紹興府志〉在縣南四十五里有越王廟

石鼓山〈萬歷紹興府志〉在縣南五十里山有盤石如鼓扣之有聲多產黄精白朮竹箭相傳唐王鍊

師居其中

唐秦系期王鍊師詩黃精蒸罷洗瓊杯林下從留石上苔昨日圍棋未終局且乘白鶴下山來

浮塘山名勝志在縣南二十五里山巔有塘雲覆其上俗呼浮塘亦呼茅塘舊志其巔有金牛洞棋盤石平坦可容數十人又有鬪牛石建菴其上登臨遠眺烟雲變合

黃箭山萬歷紹興府志在縣東南七十里上有石峻立高十餘丈復有石如蓋狀

寶掌山〔名勝志〕在縣東南四十五里一名千歲巖唐貞觀中寶掌禪師開巖於此自云年已千歲真身在半巖去地四十九尺山巖中石室可容百餘人洞口石壁數片如削禪師種貝多木一株時有頻伽鳥巢其上

白茅山〔萬歷紹興府志〕在縣東三十餘里有幞頭峯

九江山〔嘉泰會稽志〕在縣北二十五里石室幽邃巖四壁刻石為女人號靈女〔萬歷紹興府志〕亦號

仙姑山下有仙姑廟廟後多奇石寒泉所凝人多
采之以植花卉

〔明邑人張世昌靈女臺詩〕靈女臺前草深尺靈女幽姿化爲石石室深藏羽葢青玉衣半染苔痕碧巖頭雨氣秋紛紛夢䰟不作陽臺雲飛行宇宙星霧濕呼吸造化風雷奔丈夫意氣真自許女子英靈亦千古更須爲刻邯鄲辭不獨中郎誇幼婦

〔邑人胡學詩〕九江山色纖無埃紫鸞元鶴時往來巖前巨石積鏤立一室劃開靈女臺女媧摶土亦戲劇刻劃何年著神迹麾幢羽葢烟霧蒙玉質氷肌土化蝕可憐蚩蚩邀福徒桂酒椒漿來舞巫猶有山川出雲雨歲歲與民蘇旱枯

銀冶山〔萬歷紹興府志〕在縣北三十里相傳山有

銀礦永樂景泰中有言其事者遣官勘驗無實抵
罪
宣家山（萬歷紹興府志）在縣東七十里嵊縣界産
茶甚佳
五岫山（萬歷紹興府志）在縣東六十里峯巒秀出
者五與會稽雲門相連
烏帶山（萬歷紹興府志）亦名釆儒山在縣東五十
里楓橋鎮之南山産紫石英石英狀如棗核而八
稜紫色光瑩如琢藏石中石外圓中涵水石英在

水中一頭微著石采取必於露未乾時孔靈符會稽記烏帯山其上多紫石世人莫知之居士謝敷少時經始諸山往往遷易功費千計生業將盡後遊此境夜夢山神語之曰當以五十萬相助覺甚恠之旦見主人牀下有異色甚明試取拭視乃紫石因問所從來云出此山遂往掘果得其利不貲舊山名烏笪山梁武帝遣烏笪采石英終於此後人立廟祀之帯笪聲相近葢俗誤也相傳每采石英則有火災

嘉靖中知縣黎秀命父老凡來取者皆引至他所使無得因呈曰合浦之珠以吏貪而徙曁產石英

乃自本縣到任數采無得此不職之效也采者以息後久不采遂迷其處云

紫薇山萬歷紹興府志在縣東五十里當楓溪之陽濆溪有神仙洞洞邊有新婦石山之陰產白石英下當東化城寺塔

孝感山萬歷紹興府志在縣東六十里唐張萬和廬墓之所舊有芝泉亭

明邑人張世昌詩張君負土成幽阡短廬被褐風淒然埋身恨不入九地灑淚直欲深重泉暗藤如雲起曛黑青燐無光夜寥泬悲萬悽愴百憂生儵忽猶疑見顏色人生寄世如浮漚奔馳遠道空多愁越山青青越水白張公之孝如一日

邑人胡學詩　會稽孝子張萬和手自負土成崔巍雙親永感九地底塊土獨枕空山阿卓然至行激流俗有孫猶能繼遺躅月明華表淚胎禽日暮長松走馴麃天荒地老五百年滄海桑田成變遷不見只今廬墓處草樹哀颯風凄然

鐵崖山　名勝志在縣東六十里崖石如鐵峻立高百丈上有綠蕚梅百本有龍湫山之陰一小山泉出其下清漣可照鬚髮萬歷紹興府志名齊鯉尖又一峰名柯公尖元末楊維楨世居其下因以自號

明清江貝瓊鐵崖歌　白泉生崖巔白烟生崖邊中有一人長眉鶴髮兀然卻立

如鐵堅朝飡崖上雲暮飲崖下泉虎豹崖上蹲蛟龍崖下眠崖之起兮四萬八千丈崖之伏兮四萬八千年上有金銀重疊非木非石五層之仙樓下有玻璃浩蕩不水不旱萬頃之瓊田鑿開太極混沌竅胎出元氣鴻濛前有時鐵為笛有時鐵為舡一㪺迸落山鬼膽一帆直遡象帝先象帝之先豈人世但有羲皇盤古相與為周旋金烏玉兔東西晝夜互出沒天雞海牛左右水火蟠蜿蜒琪花瑤草含蒼翠方蓬弱水相縈連武陵漁子泛花去小舟問路難攀緣島中徐福乘靈藥樓船逐浪不得窮根源鐵崖中人傳列仙黄庭紫府山海烟出陰入陽履坤戴乾手持麟經五百紙王綱提綂三千年鳳凰池頭淋色早明光入奏長楊前上林走馬一日遍綠楊紅杏春如烟歸来屣棄利名跡徑入鐵崖忘俗牽一飲五斗不得醉再飲一石猶醒然樵童稚子識名姓大官巨卿呼不前興来吹盡黄鍾大吕曠古之上調酒酣歌出康衢擊壤三百一十之全篇左手招崆峒右手指彭籛蟠桃着花幾

度實桑田滄海幻化皆塵涓猿猱晝啼山木裂我歸鐵崖閱遺編鐵崖之堅堅莫言鐵崖之深深且淵畫圖彷彿見形似山水日月為敷宣東吳之水為硯滴金華之山為筆椽何當赤脚就踏鐵崖上為公作賦聲摩天

邑人鄭天鵬過鐵崖故居　鐵崖高萬丈立馬憶嵳峩屮老文章少為官轗軻多列星還碧漢麋宅隱山阿桃梛啼黃鳥淒涼怨舊歌

柯公山　舊浙江通志縣東北五十里

桐岡山　隆慶駱志東去縣六十里

爾瞻山　隆慶駱志東去縣三十里

白水山　隆慶駱志東北去縣九十里山陰界

紫巖山〈隆慶志〉北去縣七十里

大巖山〈嘉泰會稽志〉在縣北五十里〈隆慶志〉北去縣九十里山陰界

五指山〈宏治紹興府志〉在縣西南六十五里山形如指故名〈萬歷紹興府志〉豐江之西南諸全新州城依焉山傍有幞頭峯又一在縣東南〈隆慶志〉南為鬬鷄山北為石壁山

元邑人陳洙幞頭峯詩 水恠泣潭底然犀記温嶠山水各有靈陰洞號萬竅入虛如有人彷彿藕門嘯山形肖元幞官縛謝清要壺中別有天人間忛兩曜空洞石室中寧分穾

與輿顯晦豈數存天造非人料金華三洞天與𡶛成二妙

金鵞山　輿地紀勝在縣南五十里舊經云有金鵞自𡶛山飛入吳郡

日入柱山　萬歷紹興府志在縣西南七十里浦江縣界水業柱南者為南源業柱西者為西源

同山　萬歷紹興府志在縣西南六十里小而特

五淺山　名勝志在諸暨西南界輿地志山峻而有五級故名水經注浙江合浦陽江東經諸暨縣與淺溪合溪廣數丈中道有兩高山夾溪造雲壁立

凡有三洩洩懸三十餘丈廣十丈中二洩不可至登山遠望乃得見之下洩懸百餘丈水勢高急聲震林外上洩懸二百餘丈望若雲垂此是瀑布土人號為洩也宋刁約云俗謂之小鴈蕩溪源自富陽山峽下有東西兩龍潭東龍潭即飛瀑處有響鐵嶺過嶺即富陽界嶺曲一峰轉而西南下有五洩寺西龍潭深入谷中五里許未到潭一嶺為浦江界隨潭流北至寺前與東潭水合山勢轉而面北兩山夾潭流東行綿延十餘里奇跡秀絕萬歷

紹興府志舊志所載峯十六曰朝陽峯碧玉峯涵湫峯滴翠峯白雲峯童子峯香爐峯卓筆峯天柱峯積翠峯鉢盂峯玉女峯遇龍峯特起峯堆藍峯欝孤峯巖二十五曰輔德巖停雲巖怡情巖垂雲巖棲真巖韞玉巖俱胝巖嘗有僧持俱胝咒於此故名迴波巖翔鳳巖寶陁巖田壁巖出定巖擲錫巖刻漏巖垂足巖壁立巖倚天巖邃隱巖雙峰巖金仙巖含沖巖肘盤巖摘星巖養素巖夾巖洞一曰夾巖洞谷三曰啼猿谷烟林谷清虛谷窟二曰蟠桃窟石室

窟徑一曰通徽徑軒二曰列宿軒重秀軒石十曰
石磯石鼓石河石屏石筍石門棲鶴石犀角石爛
柯石連珠石井一曰龍井門一曰龍門臺三曰禮
拜臺倚杖臺會仙臺嶺二曰平雲嶺清風嶺隈一
曰鳳翔隈林一曰珠林原二曰九瑣原藏春原溪
二曰明月溪鳴玉溪澗一曰寒碧澗然尚有未悉
宋寶元中僧咸潤来遊嘗作五洩山十題一五洩
二西隙三夾巖四龍井五石鼓六石門七石屏八
俱胝巖九禱雨潭十摘星巖其序云平川孤越怪

峯顛巒轉入轉幽駭悅心目比之鴈蕩諒無慚焉

（章志）萬歷間知縣劉光復置田六畝供應遊客里長輪守青口有碑按今土人所稱尚有蟠龍窟疊石峯

唐縣令周鏞詩

路入蒼烟九過溪九穿巖岫到招提天分五溜寒傾北地秀諸峯翠挿西鑿徑破崖來木杪駕泉鳴竹落榱題當年黙老無消息猶有祠堂一杖藜

宋知越州事刁約詩

西源窮盡到東源直注懸崖五磴泉真境無由追汗漫勝遊聊得弄潺湲風生虎嘯層巖底月上猿啼古木巔只待歸來林下去却同靈黙此安禪

主簿吴處厚和刁約詩

烟霞一塢兩山源石壁寒垂瀑布泉人事是非空繚繞水聲今古自潺湲月留吟客眠寒榻風送樵翁下嶺巔檀篆未銷爐火煖夜長人静好談禪

縣令丁寳臣詩

路緣蘿蔦蔭杉松翠壁丹崖不計重天作錦屏環十里僧開珠屋面千峯花間越鳥鈎輈語溪外秦人彷彿逢早晚車騶到林下籃輿多日待追從

縣令曾諤詩

蹇裳二十四重溪溪繞山盤路不迷五級流泉無晝夜三州源合有東西巖衣縷縷垂金線石磴層層挂綠梯試問祖師禪定處白雲深鎖舊招提

縣令蘓緘詩

一道銀河瀉九天五潭遊澈思飄然雨噴細沫來身上練挂長條在目前嵐翠已知冬更好地凉應與夏相便因觀麗什懷清賞猶覺寒聲到耳邊

蘭陵令蕭闢詩

誰鑿洪崖作斷痕靈泉從此瀑流分長虹五曲白垂地峭壁萬重青破雲仙客歸來沉遠信老龍蟠蟄吐祥氛輸他林下忘機士人是人非不欲聞

邑人郭亢詩

不到玆山三十年重來風物自依然兩源秋色排千嶂五級泉聲落半天

絕唱尚傳閑老句幽棲猶想默師禪田頭迴與塵寰隔何必蓬萊始是仙

元浦江吳萊讀謝元卿遇仙記

曩聞一奇士深入五洩行五洩何處所長溪遶崇岡微風生天籟急瀑灑石梁金磬戛欲響縞衣爛迴光綺妓開朱閣雲仙坐玉堂偃僂即進謁爽田遽鳴璫幸汝得大藥於茲赴元卿元卿且留宴穢臟勿髪狂高座瓊煇施碧幃琳華張芝英雜桂腦蠵髓間鳳漿太容揮四弦王母彈八琅羽旗素蜺騫黼韍螣蛇驤眼珠便爽朗肌骨遂馨香日星恍在下海嶽極渺茫嗟予頗探勝古路但縱橫青童邈不見寶刹屹相望山峯揷烟霧潭級跳氷霜螻螘小窟穴蜉蝣亂飛揚終然雲錦笈照以虎鞶囊千年或頃刻萬里忽扶桑謝卿自獨往觹首盍田翔笑揉金明草浮顏安可常

又劉龍子歌

劉龍子龍子出山龍母死一雙赤鯉騰來多元黿獨戰翻天河山頭種楓

高不得楓葉落波秋正黑潛游蟹斷島無人飽啖鰕鬚汊作國巢湖龜眼看欲紅卬都魚頭闢為宮絕磴懸梁但一勺雲綃霧縠餘長風劉龍子龍子為龍猶念毋栝江沿海歸何所硯中墨水吾乞汝昨夜虵醫送飛雨

又五洩東源有地庋可十數畝後負山前則石河如帶幽敻深窈蓊隱居學道者可築室偶賦一詩屬陳彥正

越中五洩古名山東源峻嶺空雲間老石崚嶒欲見骨天河瀉破莓苔灣蛟龍縮身侶蜥蜴魑魅出沒司神姦雷公一聲忽下擊鳥跡不到猶重關青華仙真舊治所碧落侍從登清班穴穀綵猨據一柱户想銅獸銜雙鐶鳳馭鸞鞭白羽璀芝樓菌閣朱莖殷梯梁未絕或可值洞府寰遠多愁顏嚮曾褰衣得揭涉别擬鑿徑通茅菅寬宏傾占十數畝敻靜粗覺非人寰澗流帶縮

玉繚繞巒翠髻擁花孄媥截斷塵埃與世隔構成棟宇寧吾慳陳君尋常有道力況此跬步臨幽潺虛室光明白不動寶爐溫養丹將還丈夫出處我已定馳宇早寄孤飛鵬休拘崑崙併漲海遇有勝處同躋攀

邑人申屠澂詩 東源壁立萬仞崖五級水自銀河來西源梯磴杳無際各有神龍著靈異兩源幽渺氣鬱葱紫烟忽起香爐峯涼風披拂淺蕟竹杖屨躋攀看不足神遊那得挾飛仙直上青雲看鴻鵠

邑人倪伯升詩 五洩高寒接太清銀河垂地落天聲玉虹貫日晴空見驄馬翻瓢白晝傾作賦曾聞誇鴈蕩乘槎應可到蓬瀛何當一叱乖龍起手挽商霖洗甲兵

邑人倪公性詩 地僻山迴古木稠烟霞縹緲護龍湫路迷南北雙峯杳源合東西一

澗流嵐翠積陰秋色潤瀑花飛雪曉光
浮招提深邃塵凡隔谷口雲橫得自由

明邑人張世昌詩

兩巖鑱天不容舠玉龍噴壑翻雲濤冰山滾下白石碎雪浪捲起銀臺高天風吹寒草木凍六月飛雪洒陰洞青虬躍出一線長赤日傾波渴雲夢雷奔電激趨羣靈天開咫尺通幽冥巖頭好借一勺水六合盡洗塵埃清

邑人胡學詩

閬峰西來高插天下有五級之飛泉瓏硔崩騰快一瀉奔流直下蛟龍淵銀河迸落九天外雷車砰轟山石碎雪花噴壑生夏寒雨氣羃林成晝晦此水不注海與江欻忽靈怪神無方怒風捲拔上天去散作甘霖彌八荒

邑人趙仁詩

飛瀑潺湲響入溪萬山深處洗冥迷
龍歸湫水雲俱下僧叩禪關月未西
地縮三洲應有術天窺九闕豈無梯
我來欲瞰蜿蜒窟三尺青銅不敢提

邑人黄隣詩　仙源欲到不易得人事天時兩阻之舊約已違三十載同盟靡有一人遺山川蓊欝神龍聚日月奔騰駿馬馳借問山靈還許我重来更與老禪期

山陰徐渭詩四首　其一　紫閬村中一線微穿厨入竈浣裙衣無端流出高巖上解與人間作雪飛　其二　轟雷千尺破銀河鐵障陰寒夏轉多我已看来無此景大龍湫比比如何　其三　斗匣緊接大槽平長練難傾怒瀑生絶似海門潮正急白頭翻貼黑沙行　其四　五條挂練玉龍奔七十二峯鬼斧痕墮水墮驢都不恨古来一死搏河豚

又五洩霧　茫茫一卵未曾分倍覺懸流渺一痕大似龍堂燈火暗香烟一縷白黄昏

又刻五洩石鼓　銀河墮流觀者忘休深林無人杳不可留

知縣劉光復詩　兹山真奇秀絶壁出飛泉白虹倒垂地老藤扶上天龍蛇常起蟄松

檜不知年却羨樵蕪者飛騰似偓佺

國朝

海寧許汝霖詩　千巖萬壑勢縈迴跴足登臨倦眼開閬苑有天貯日月氷壺無地着塵埃巖邊古木經霜老石上幽禽帶雨來為問當年採藥徑翠嵐百尺護蓬萊

知縣朱宸詩十首　其一　一山藏一山一水疊一水疏鑿始何人至今流不已　其二　既奇亦且幽縹緲神仙窟我欲倩倪黃愁他畫不出　其三　東潭合西潭潭見石不見底定有蛟龍潛潭邊雲正起　其四　匹練雲中落千絲月下拈瑶池知有讌玉女放珠簾　其五　倒起濺珠圓怒奔擊玉碎向言水性柔今看琉璃脆　其六　兩巖夾地多一線放天少雲氣盪其中襟袖收山藻　其七　原無虎踞前但見獮行疾險阻客心驚攀援吾計失　其八　七十二峯奇各各逞姿態秀潔清幽處爭如看衛玠

其九葉落深埋足藤枯冷繫冰峰名與樹猇倚石
問山僧其十一源自紫閬百折出青口我欲往探
之雲深
幻蒼狗

邑人錢曰布詩昔聞跑突泉水自地中注誰謂茲
山水飛作半天雨珠顆落寒潭晶
光耿玉宇會當過
廬山一一重記取

寶珠山章志西去縣三十里山中有細石其圓如
珠故名

鷄冠山輿地紀勝在縣西五十里形如鷄冠出奇
石其紋若星月花獸上有玉女塚

明邑人張世昌詩星官何年遊太清飛來化作高
崖青天地無心運精巧造化有

迹通幽靈神剜鬼鑿妙鐫削瑶臺清氷出萬壑劍光穿斗射龍文元氣蟠空孕犀角東南宇宙烟濛濛卞和夜泣空山中何人更施補天手為我獻入明光宫

邑人胡學詩　奇峰崒嵂峩鷄冠天鷄不鳴晴晝閒元氣磅礴浩不散秀結異石青斕斑陽文唐唐玉質瑩陰縵氲氲黛光冷星斗昭回河漢章龍鸞飛舞綾花影山人磨刀割紫雲枕屏琴几空紛紜請將琢出五色質赤手妙補天無痕

龍山　萬歷紹興府志　在縣西十六里山巔有石柱長丈餘號青龍角

洞巖山　萬歷紹興府志　在縣西五十里有玉京洞

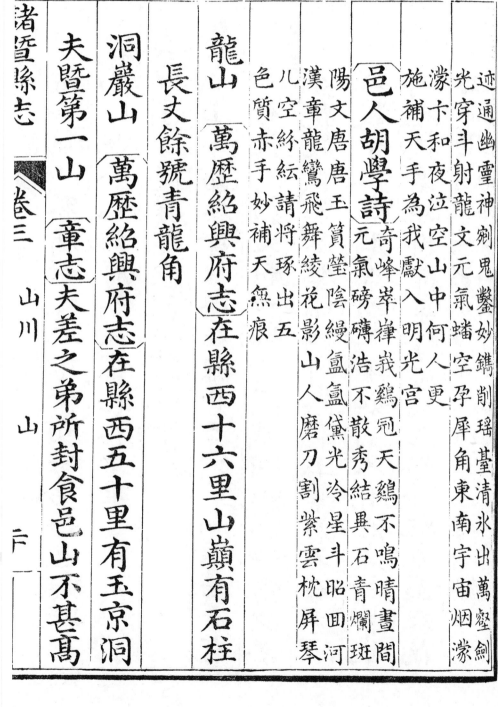

夫暨第一山　章志　夫差之弟所封食邑山不甚高

而曰第一蓋所封之地不一而此第一也孟氏後山

花山〔萬歷紹興府志〕在縣北二十里

金鵞山〔隆慶駱志〕北去縣五十里

杭烏山〔嘉泰會稽志〕在縣北五十里疊嶂七十有二有杭烏刺史廟一峰特髙風雨晦冥時常聞樂聲號鼓吹峰〔萬歷紹興府志〕有玉臺石又石冢可容數十人大石為門其平如削又有池名黃巢抗劍池相傳時有龍見〔隆慶駱志〕俗呼抗烏山在花山鄉北有石室有蟾蜍石有龍湫有雙井在山路旁石罅中流出兩泉其甘如醴

明邑人張世昌鼓吹峯詩　清心廣樂開瑶京鼓吹自作天機鳴八龍逶迤九鳳舞珠樓貝闕秋冥冥杭烏之山起寥廓天人啟閶泄關鑰風簫雨瑟烟霧寒天上時聞鼓天樂鳳凰一去二千秋唐虞世遠夔龍愁杭烏山頭跨白鶴我欲與爾鈞天遊

邑人胡學鼓吹峯詩　杭烏峩峩枕天軸七十二峯如削玉半空雲霧秋氣高白日層巔動絲竹長松飛来鸞鶴吟剛風吹下笙竽音鈞天九奏渺遺響賓雲一曲過遥岑上界神仙足官府六時天樂天中鼓寧知下土風雨深一片哀商雜人語

邑人王理詩　玉臺石室憑雲鎖鳳沼龍池與海通

道林山　隆慶駱志北去縣七十里

大悲山　章志北去縣四十里義安鄉

櫧山嘉泰會稽志在縣西一十八里一名諸山

衙山嘉泰會稽志在縣西南二十里

覆斗山舊浙江通志縣南五十里

巖崖山嘉泰會稽志在縣北五十里

懋林山太平寰宇記謝靈運作山居賦於此山

嶺

白水嶺萬歷紹興府志在縣東南八十里東陽縣界

鷺鷥嶺隆慶駱志南去縣八十里東陽縣界

善坑嶺〈萬歷紹興府志〉在縣西南六十里義烏縣界

阜莢嶺〈萬歷紹興府志〉在縣東七十里嵊縣界

駐日嶺〈隆慶駱志〉東去縣八十里會稽縣界

古博嶺〈隆慶駱志〉東去縣七十里山陰縣界〈舊浙江通志〉在府城西南四十五里羣峯交峙中有一徑南達楓橋至諸暨界曠寂稀人烟往往虎豹棲止俗訛為虎博嶺

〈宋邑人姚寬古博嶺詩〉北風獵獵駕寒雲低壓平川路欲昏人馬忽驚俱辟

易一聲乳虎下前村

臘嶺〔隆慶駱志〕東去縣七十里山陰縣界

考溪嶺〔隆慶駱志〕北去縣九十里山陰縣界

陽塘嶺〔萬歷紹興府志〕在縣西五十里浦江縣界

壕嶺〔隆慶駱志〕北去縣七十里蕭山縣界

五馬嶺〔隆慶駱志〕北去縣五十里

巖

斗子巖〔名勝志〕在縣南四十里形高如斗峻不可

上

〔馮夢祖銘〕埒川嶽探星辰逶迤行矗嶙峋月升日恒不騫不奔

雨花巖〔舊志〕俗呼滴水巖城南十里

岡

走馬岡〔隆慶駱志〕東去縣七十里嵊縣界

洞

玉京洞〔名勝志〕在洞巖山洞十數重深數十里須秉燭而入入必以物記其處洞門多相侶不記則迷路洞中寬敞崎嶇不一火光中巖石奇峭光潔如洗流水濺濺或滙為池瀉為溪中一處上有竅

仰視如巨星光射下微辨色石牀在焉又入則蝙蝠羣觸人面不可前或云深處行二三日可抵錢塘〔萬歷紹興府志〕洞口有石人二蓋因巖石刻成者入宜帶席或乾草洞門乃有卑狹處須傴僂匍匐以行下甚濕必藉以席或草乃可〔章志〕知縣劉光復置田六畝供應遊客一如五洩

宋知越州事刁約詩　千巖萬壑幾重重勢勝田環聳翠峰風靜殿堂無燕雀雲間洞穴有虬龍前山樵晚聲喧斧別寺齋初響答鐘幸有林間三二友籃輿追賞共從容

主簿吳處厚和刁約詩　洞穴嵌空五六重旁邊突起一孤峯平時花竹常啼

烏旱歲風雷或起龍流水聲中僧洗鉢亂雲堆裏客聞鐘莫為林下歸休計朝德身推許孟容

明知縣劉光復詩

仙人幻奇跡破壁出龍宮山作仇池樣天[illegible]小有通村槁黃葉兩古岸菊花風自嘆風塵吏䏻来亦雪鴻

知縣錢世貴詩

秉燭哭入蛟龍窟洞底回環三百曲仙人已去少鸞凰俗客猶来觸蝙蝠低頭靜聽水淘淘此地何年號玉京燭殘人倦出洞口也抵三元朝太清

山陰知縣劉昺詩

紫壑丹符秘青春玉騎来捫蘿緣熱径掃石落荒苔入海三山近通天一竅開即令懸弱水直欲訪蓬萊

邑人張世昌詩

石樓突兀開仙宮海上駕出金鰲峰龍窩久蟄雲霧冷蟻穴或作王侯封嵌封深入九地底虛壑飀颼朔風起氷絲有淚泣蛟珠棋局無聲敲玉子六丁鑿斧光晶瑩我

欲鏟破陰崖扃火輪飛出
天雞鳴萬國同照陽烏明

邑人胡學詩　雲峰中立開洞天竅石砰谾深重淵
巨靈何年斧鑿破霹靂一夜蛟龍穿
太陰黑入杳莫測碧崖井氣流雲液鐵矼橫截海
上流玉局移来橘中奕神仙鸞鶴不可追白蝠散
亂如鴉飛風塵須洞滿
塵世避地擬作綺玗歸

邑人趙仁詩　巖壑玲瓏竹樹間天風環珮隱珊珊
碧桃花落雲粘洞瑶草香霏露滴壇
青壁有題龍護篆玉京遺跡鶴窺丹
如今避世非無地却笑相逢雪滿冠

邑人鄭天鵬詩　我曾蹈破天下三十六洞白雲缺
何如此洞真奇絕一級一級探之
窈莫窮幽深奇怪陟降千百折外有片片如剪赤
霞封中涵老子所秘丹符訣坐忘獅子怪石岩囬
首塵凡俄隔越乳窟津津飲玉泉飛霞仙鼠白如
雪頓覺羽化而登仙少室禹穴那能埒我吹洞庭

紫鐵簫鳳吟龍嘯聲清烈聲清烈一聲穿破巖頭雲二聲吹落天邊月三聲四聲兮千巖萬壑金石俱澌裂忽聞雲中仙樂韶濩相和鳴疑近瀛洲閬苑蓬萊闕醉以麻姑酒援筆如揮篇瀉磨石骨十丈餘寫我胸藏山水詩千首識吾今日共尋幽敢謂神鬼驚兮蛟龍走山靈笑我李賀狂五色心肝疑盡嘔書羅椽筆擲下地希夷偓佺忽相遇授以五金八石丹脫屣牽裳留我住住卻三日始歸來世上桃花結實已千歲

邑人陳鶴鳴詩

巖巖鏄石殊奇絕外象包羅中透澈門開峭壁路嵯牙蟄龍迸破冰山裂玲瓏石竅甚幽遐秉燭遨遊隨轉折一洞玉虛清二洞瑤臺潔三洞蓬壺別有天雲篆鐫題多俊傑四洞五洞闢鑰嚴鱉口名傳難度越人世紅塵飛不來爛柯砰石誰羅列六七八洞到者希深入層層無盡竭混沌窟鴻濛穴萬怪千奇天造設偶從靜裏探元機剛介應將礪臣節

仙巖洞　嘉泰會稽志在五洩山萬歷紹興府志宋縣令劉述嘗禱雨有應

宋宋禧詩　翠巖仙洞白雲深躡石捫蘿一訪尋

劉述詩　英英洞口雲觸石繞一縷須臾徧空山霈然作霖雨

石

新婦石　萬歷紹興府志在紫薇山神仙洞傍

元邑人楊維楨石婦操　峩峩孤竹岡上有石魯魯山夫折山華歲歲山頭歌石婦行人幾時歸東海山頭有時聚行人歸啼石柱石婦岑岑化黃土

又詩　亭亭獨立傍溪濱四傍無人水作隣苔髮不梳千古髻翠眉空瑣萬年春霜為鉛粉凴風

傳霞作臙脂仗日匀莫道巖前無寶鏡一輪明月色常新

西施浣紗石〔萬歷紹興府志〕在浣江中

石鼓〔萬歷紹興府志〕在五洩山巔狀如鼓擊之有聲

石門〔萬歷紹興府志〕在縣西

〔宋僧咸潤詩〕雙峰起雲際彷彿五侯門

鷄籠石〔萬歷紹興府志〕在草湖港中狀如鷄籠

兔頭石〔萬歷紹興府志〕在大江側蕭山縣界

玉臺石〔隆慶駱志〕縣北五十里杭烏山

峰

玉屏峰 蒼源剩草 祝塢馮氏族焉其鎮山曰玉屏峰

馮夢祖銘 天冪封胡之東舞孔雀繡芙蓉烟樹裏畫圖中

江

浦陽江 明史地理志 浣江即浦陽江亦曰青弋江萬歷紹興府志 其源出金華府浦江縣北流一百餘里入諸暨縣與東江合流至官浦浮於紀家滙東北過峽山又北至臨浦注山陰之麻溪北過烏石山爲烏石江又北而東至錢清鎮則名錢清江又東入於海今開磧堰以通上流塞麻溪以防泛溢而江分爲二嘉泰志禹貢三江既入震澤底定

韋昭云三江者松江錢塘江浦陽江盖江之名尚矣越絶云浦陽者越王句踐兵敗衆懣於此故曰浦陽去山陰五十里今土人以錢清為古浦陽也酈道元水經注浦陽江導源烏傷縣東逕諸暨與洩溪合東迴北轉逕剡縣縣開東門向江江廣一百餘步又云柯水東北逕永興與浙江合謂之浦陽江漢書灊水即浦陽江别名自外無水以應之又云浦陽江東北逕始寧縣嶀山其北即嶀浦又云東逕上虞縣南至蕣之會稽名虞賓又云餘暨

之南餘姚西北浙江與浦陽江同歸海又引闞駰十三州志江水至會稽與浙江合自臨浦南通浦陽江其説不一自相牴牾謝惠連西陵遇風詩昨發浦陽汭今宿浙江湄韻譜云水之相入爲汭又云水北曰汭自浦陽江北流入浙江二水參錯其名曰汭宜矣始寧今上虞縣嶀浦嶀山皆屬嵊縣虞賓屬上虞又接餘姚江臨平湖在浙江以西其源殊别餘暨即諸暨距餘姚二百餘里謂餘姚西北浙江入海非也盖此江東北流自山陰會稽泝

曹娥江始至上虞餘姚嵊縣謂東迴北轉入上虞嵊縣斯可矣道元未嘗身履浙東故其誤如此後人遂誤此江為上虞江其失寖遠以地理考之自浦陽江至曹娥百餘里豈當時曹娥之名未著亦名浦陽耶或陵谷遷變舊流不循故道耶十道志浦陽江有琵琶圻岸有曹娥碑信此則曹娥江即浦陽江爾文選注浦陽汭經上虞謝康樂山居賦注浦陽江自嶀山東北逕太康湖其說皆誤今山陰二十里有柯橋其下為柯水然則浦陽江與柯

水一源由蕭山達於浙江古今不易也今按上虞
縣志曹娥江始實名浦陽其源自東小江亦由浦
江来十道志婺州浦江江之導源出此是知浦江
一源而分二派一直由諸暨直下至山陰蕭山間
爲錢清江酈所謂逕諸暨與洩溪合餘暨之南與
浙江同歸海至會稽與浙江合自臨浦南通者皆
是也一則紆而東至嵊縣出始寧門乃折而北至
上虞會稽間爲曹娥江酈所謂東迴北轉逕剡縣
始寧虞賓餘姚西北者皆是也謝康樂山居目擊

為賦又自為注不應有誤恵連謂昨發今宿若錢清似不須隅宿餘暨乃蕭山舊名非諸暨曹娥未溺之前江固當有名且今曹娥廟當運河渡口故其名特著若稍南稍北又自不以曹娥名謂當時曹娥名未著亦名浦陽似與酈說亦未甚牴牾但身則實未至浙東祗據籍隱括不免稍有淆錯耳

新紹興府志舊志注云浦江一源分為二派其說實非乃是二源二派也謂曹娥未溺之先其江亦名浦陽得之矣按今嵊縣之西南與義烏接界義

烏之西與浦江接界兩接界處其山自東而西馳水分八字山陽之水入嵊為曹娥山背之水入諸暨為浣江浣又分而為二一達山陰之錢清由白洋入海一達蕭山之臨浦由錢塘入海此實蹟也今之義烏與嵊縣接界處舊必隸浦江後析入義烏者故曹娥江亦名浦陽耳諸暨章大脩平事身至其地今訂正

駱問禮續羊棗集楊用脩太史於三江斷以江為中江漢為北江彭蠡為南江辨矣然不可謂諸家所指皆此也即以范蠡之言觀之曰與我爭三江

五湖之利者非吳與此必指吳越交争之所若東江婁江松江太湖已在吳域内恐不待争之於越

毛奇齡三江刋誤三江尚書孔傳周禮賈疏爾雅郭注皆誤吳都賦注以爲松江婁江東江尤謬吳地無東江且史記正義但云婁江入海已耳未聞有三也國語曰吳之與越三江環之又曰與我争三江之利者非吳耶夫松婁焉能環越且松婁本吳地豈可曰吳與我争三江之利惟國語韋昭注曰三江者松江浙江浦陽江也此説最當

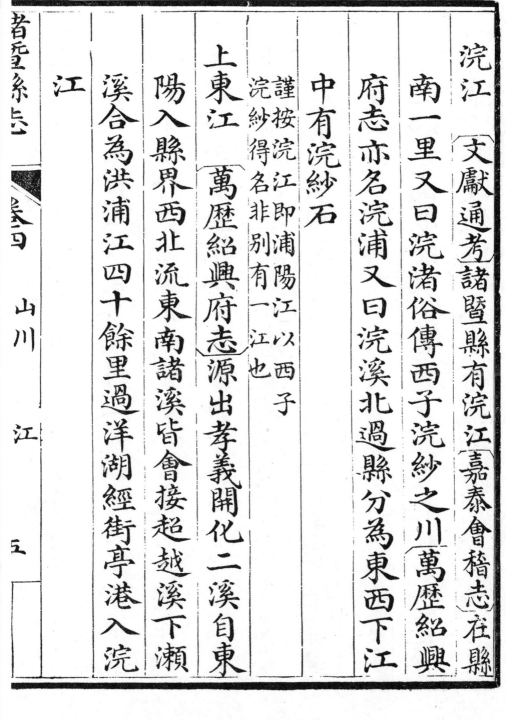

浣江〔文獻通考〕諸暨縣有浣江〔嘉泰會稽志〕在縣南一里又曰浣渚俗傳西子浣紗之川〔萬歷紹興府志〕亦名浣浦又曰浣溪北過縣分為東西下江中有浣紗石

謹按浣江即浦陽江以西子浣紗得名非別有一江也

上東江〔萬歷紹興府志〕源出孝義開化二溪自東陽入縣界西北流東南諸溪皆會接超越溪下瀨溪合為洪浦江四十餘里過洋湖經街亭港入浣江

上西江【萬歷紹興府志】源出豐江自浦江入縣界東北流合黃沙溪合南源西源二水合上瀨溪歷安華步八十餘里山間小水六七支皆入其中過黃白山橋至了港口與東江合入浣江

下東江【萬歷紹興府志】從浣江分自五浦宣家步釭竈步草湖港白塔陡亹謨本切俗作門無慮七十餘里至三港

下西江【萬歷紹興府志】元天歷中州同知阿思蘭董牙所浚從浣江分由竹橋新亭晚浦長瀾浦至

三港亦七十餘里與東江復合東西兩江既合名大江北流燕䖏二十里雜受湄池金浦諸水至兎石頭出縣界由尖山臨浦入錢塘江也舊有麻溪入錢清今不復通矣

隆慶駱志諸暨水勢大都自南而北極東南為孝義溪發東白山流子溪發皁莢嶺花亭溪發俞家嶺孝義溪西南流十里合流子溪又十里合花亭溪又十五里合開化溪開化溪兩源皆由東陽來合龍泉板橋二溪始入孝義溪龍泉溪發白巖山板橋溪發大塘嶺孝義開化二溪合流出街亭五里許合洪浦江洪浦江接起越溪發小白峯又一溪名下瀨溪發金潤山合為洪浦江過洋湖入街亭港是謂上東江極西南為豐江來自浦江縣入縣界東北流十里許合黃沙溪又三里許合義烏

溪又里許合上瀨溪為安華步義烏溪来自義烏入縣界亦十里許與豐江合黃沙溪合南源西源二水二水皆發日入柱發柱南者為南源發柱西者為西源皆浦江縣界上瀨溪發善坑嶺亦名善溪義烏縣界由安華東北流六十餘里山間小水無慮六七支皆入其中是謂上西江過黃白山橋五里許與東江合俗呼了港口是謂浣江亦曰浣浦曰浣渚曰鄜溪中有浣紗石流十里許始至縣治由城東過太平橋五里許少轉北至茅渚步復分為二江曰下東江下西江下東江自五浦宣家步缸竈步草湖港白塔陡亹無慮七十餘里至三港下西江元天歷中州同知阿思蘭董牙所浚由竹橋新亭晚浦長瀾浦至三港亦七十餘里與東江復合其兩江所入滤墈港合胡村水由長官橋沙港口入東江長官橋俗呼落馬橋所謂家公萬柳堤處也烏石溪發趙毛嶺由雙橋入高公湖古李溪入白茅塢溪入高公湖櫟橋溪接龍溪左溪龍溪發楼家山左溪亦發皁莢嶺由石碑橋亭至

樵下由洄溪入泌浦湖楓溪接黄檀白水二溪白水發壺馬岡黄檀發上谷嶺下谷嶺五岫山黄来嶺駐日嶺諸山大小五六源合流經青山頭至楓橋鎮鐵石堰復分爲二北流十里許仍合入泌湖干溪發芝菰山石碑山合古博嶺小水西流又合桐坑所發出黄沙橋小水由小泉溪入泌湖諸入泌湖水皆會復分爲二港一則入湖一港轉下宣步始入高公湖由陡亹入東江泌湖由草湖港入東江其他桑溪發鄭墅隖由五浦入黄潭諸湖水由白塔陡亹入其餘小者不能盡紀此則下東江之大概也五洩溪發富陽山東流三十餘里合石瀆溪石瀆溪發諸山入五洩溪過馬湖由竹樵入西江青山溪發南泉嶺蔣隖由馬湖入龍窩溪發白門山由新亭入大馬溪發大馬諸嶺由晚浦入紫草溪發杭烏山白馬諸嶺由朱公湖入此則下西江之大概也東西兩江既合名大江北流無慮二十里離受湄池金浦諸水至兎石頭出縣界由尖山臨浦入錢塘江舊由麻溪入錢清今不復通

矣又考溪出富陽五雲山槩浦發雞冠山及分水嶺合流又合福昌溪由義安陶湖出蕭山峽浦入大江又福昌小溪發福昌寺下山由蕭山縣五日溪出臨浦

河

白水河〔萬歷紹興府志〕在縣北二里源出縣湖穿城由北水門入於河沿城横入浣江

湖

縣湖〔浙江通志〕在城内又名學湖宋淳熙中知縣何喬重浚置二閘嘉靖中知縣徐履祥復浚於西築一堤〔紹興府志〕上中下三湖相傳以長山勢逼

鑿此當之由城南紫山下直抵北城

放生湖〔隆慶駱志〕陶朱鄉縣西南一里

五湖〔隆慶駱志〕陶朱鄉縣南五里

鯉湖〔隆慶駱志〕天稠鄉縣南二十里多鯉魚故名

洋湖〔隆慶駱志〕金興鄉縣東南二十里

楮家湖〔隆慶駱志〕安俗鄉縣東一十一里受龍華山諸水

柳家湖〔隆慶駱志〕安俗鄉縣東十餘里周圍二十五里

杜家湖 隆慶騺志泰南鄉縣東一十里

王四湖 隆慶騺志泰南鄉縣東一十里

柘樹湖 隆慶騺志泰南鄉縣北二十五里

章家新湖 隆慶騺志泰南鄉縣北二十五里

東陶湖 隆慶騺志泰南鄉縣東十餘里

高公湖 隆慶騺志泰南鄉縣東二十里高氏所浚故名高高處為田深處為湖

大吕湖 隆慶騺志泰北鄉縣北五里

横塘湖 隆慶騺志泰北鄉縣北三十里

戚家湖（隆慶駱志）泰北鄉

朱家湖（隆慶駱志）泰北鄉

菱湖（隆慶駱志）泰北鄉縣北五里

落星湖（隆慶駱志）泰北鄉縣東二十里湖中有石云星隕故名

上竹月湖（隆慶駱志）泰北鄉縣北二十五里受石壁仙姑山諸水

下竹月湖（隆慶駱志）泰北鄉縣北二十五里受石壁仙姑山諸水

東湖〔隆慶駱志〕花山鄉縣西北十餘里

鏡子湖〔隆慶駱志〕花山鄉縣西一十二里

沈家湖〔隆慶駱志〕花山鄉縣西一十二里受白門陳家沈家諸山水

道士湖〔隆慶駱志〕花山鄉三湖連縣西一十二里受白門陳家沈家諸山水

新亭湖〔隆慶駱志〕花山鄉縣北二十里

馬湖〔隆慶駱志〕花山鄉縣北二十五里受石佛山前村嶺諸水

蒼湖〔隆慶駱志〕花山鄉縣北二十七里受石佛山花山諸水

象湖〔隆慶駱志〕花山鄉縣北二十七里受石佛山花山諸水

黄湖〔隆慶駱志〕花山鄉縣北二十七里受石佛山花山諸水

張麻湖〔隆慶駱志〕花山鄉

和尚湖〔隆慶駱志〕花山鄉

山後湖〔隆慶駱志〕花山鄉縣東北四十里周一十

五里

橋裏湖〈隆慶駱志〉花山鄉縣北四十五里受杭烏山諸水周一十餘里

觀莊湖〈隆慶駱志〉花山鄉縣北四十五里受杭烏山諸水周一十餘里

朱公湖〈隆慶駱志〉花山鄉縣北四十里受馬鞍山白馬山諸水

泥湖〈隆慶駱志〉西安鄉縣西北四十里

京塘湖〈隆慶駱志〉西安鄉縣北三十里

王家湖〈隆慶駱志〉西安花山二鄉縣西北一十六里周圍三十里

太湖〈隆慶駱志〉西安鄉

木陳湖〈隆慶駱志〉西安鄉縣東三十五里受摘佳尖官山鴨諸水

缸竈湖〈隆慶駱志〉西安鄉縣東北四十里周一十五里

家東湖〈隆慶駱志〉西安鄉縣北五十里周二十里

草湖〈隆慶駱志〉西安鄉縣北五十里受木陳山岩

山諸水周二十餘里

馬塘湖〔隆慶駱志〕西安鄉縣東北五十里

西陶湖〔隆慶駱志〕義安鄉縣西北六十里

杜黃湖〔隆慶駱志〕長阜鄉縣東北五十里

畢湖〔隆慶駱志〕長阜鄉縣東北五十里

趙湖〔隆慶駱志〕紫巖鄉縣北五十里受漁櫓山諸水周二十里

線鯉湖〔隆慶駱志〕紫巖鄉縣北五十里受漁櫓山諸水周二十里

西施湖〈隆慶駱志〉紫巖鄉縣北四十五里槩浦楊司法築圍賸植花木繁華美麗若西施故名

黃潭湖〈隆慶駱志〉紫巖鄉縣北五十里受漁檣山諸水周二十里

魯家湖〈隆慶駱志〉紫巖鄉縣北五十里受漁檣山諸水周二十里

江西湖〈隆慶駱志〉紫巖鄉縣北五十里

蓮塘湖〈隆慶駱志〉紫巖鄉縣西北五十里受百丈峯畱劍鴟諸水

歷山湖　隆慶駱志紫巖鄉縣北六十里

浦珠湖　隆慶駱志紫巖鄉縣北六十里

神堂湖　隆慶駱志紫巖鄉縣北六十里受大隖山神山諸水

忽覩湖　隆慶駱志紫巖鄉縣北七十里受紫巖張家隖白鳩尖諸水

湄池湖　隆慶駱志紫巖鄉縣北六十里受湄池嶺蛇山諸水

白塔湖　隆慶駱志紫巖鄉縣北六十里受唇家山

黃澗諸水周三十餘里

峯山湖〔隆慶駱志〕紫巖鄉縣北六十里

里亭湖〔隆慶駱志〕紫巖鄉縣北六十里

石蕩湖〔隆慶駱志〕紫巖鄉縣北六十里

前村湖〔隆慶駱志〕紫巖鄉縣北六十里

蔣湖〔隆慶駱志〕紫巖鄉縣北六十三里

橫山湖〔隆慶駱志〕紫巖鄉縣北七十里受楊梅山

黃山諸水

下湖〔隆慶駱志〕紫巖鄉縣北七十餘里受岳駐諸

水

諸水

吳湖〔隆慶駱志〕紫巖鄉縣北六十六里受紫巖山

金湖〔隆慶駱志〕紫巖鄉縣北七十里受戴家山楊

家堰諸水

泌湖〔萬歷紹興府志〕在縣東北五十里周圍八十

餘里最大近年多佃之議興豪右乘之大半廢

溪

石瀆溪〔萬歷紹興府志〕在縣西南六十二里上下

源各有二井相聯合流

干溪〔名勝志〕在縣東北六十里吳千吉所居俗以溪水常涸因訛爲乾溪

黄山溪　青口溪　孝義溪　楊家溪　流子溪

楓溪　雙溪　花亭溪　開化溪　瓢溪　龍窩溪　龍泉溪　洄溪　大馬溪　板橋溪　左溪

紫草溪　超越溪　烏石溪　下瀨溪　古李溪

上瀨溪　義烏溪　青山溪　善溪〔舊志〕溪之名者　霞溪增入

浦

浣浦〔一統志〕在諸暨縣治東南一名浣渚俗傳西子浣紗於此唐元微之詩浣浦逢新豔〔明邑人趙仁詩〕淺碧濺濺抱郭流春風幾度客凝眸烟拖素練波心動花灼明妝石上留殘日斷暉紅袖濕落霞蕪迹翠蛾愁王孫自是無情者猶為灘邊一艤舟

黃山浦〔資治通鑑〕宋明帝泰始二年任農夫等引兵向黃山浦〔胡三省注〕黃山浦今漁浦是也漁浦東南即後黃山諸暨志長寧鄉在縣東四十五里管五里一曰黃山里

山遐浦〔嘉泰會稽志〕在縣東八十里舊經云山遐

斷高公湖為浦取魚所集千艘後人思之號山遐浦按遐字彥林建元初為餘姚長後至東陽太守出晉書本傳〔萬歷紹興府志〕遺跡乃在此殆不可曉

槩浦〔嘉泰會稽志〕在縣北十九里吳王闔閭弟之子夫槩所封因以為名〔萬歷紹興府志〕吳王闔閭弟夫槩所封

五浦下東江　晚浦下西江　長瀾浦下西江〔隆慶駱志〕浦之名者

潭

清紫潭孝義溪　澄波潭孝義溪　搗臼潭浣江　清水潭下東江　杠

穀潭楓橋溪 石盂潭 烏龍潭 曲潭德墈港 官浦潭

青潭（隆慶駱志）潭之名者

泉

稻種泉（萬歷紹興府志）在縣西二十五里源出范蠡潭山其流溉民田甚廣他鄉多求穀種於此一名靈泉溪

乾薑泉（萬歷紹興府志）在乾薑山清潔殊異越王用此水造薑

南泉五十都 小泉五十七都（隆慶駱志）泉之名者

井

鴟夷井〔一統志〕在諸暨縣西南陶朱鄉俗傳陶朱公諸暨人鄉曰陶朱井曰鴟夷皆公得名〔萬歷紹興府志〕在城中翠峯寺

丁令威井〔萬歷紹興府志〕在縣東北西巖山西岳寺相傳亦云是鍊丹井

硯水井〔萬歷紹興府志〕在縣東北光山永福寺梁武帝讀書堂側云是武帝遺跡

楊家井〔萬歷紹興府志〕在盤龍山相傳飲之能已

疾

四眼井城中　琉璃井城中大雄寺　鳴井　芝泉井孝感山

〔隆慶駱志〕井之名者

龍湫

東白山龍湫　白洋山龍湫　五洩山龍湫　雲谷山龍湫　鷄冠山龍湫　五岫山龍湫　柯公山龍湫　石敢山龍湫　鳳凰山龍湫　杭烏山龍湫　道林山龍湫

〔隆慶駱志〕龍湫之名者

橋

桂花橋【宏治紹興府志】在縣西二里即上湖橋

衆安橋【隆慶駱志】即中湖橋亦名登仕橋城中嘉靖間袁尊二十陳泰六袁宗十四陳叅十八等重建

叅十八係吾族祖　吉軒誌

采芹橋【隆慶駱志】即下湖橋城中

蟹眼橋【章志】在城中水分南北父老又云通潮信

太平橋【於越新編】在縣東門外舊爲浮梁【浙江通志】唐天寶中建尋廢宋淳熙間修武郎壽康孫建石橋日久圮元時即舊址建浮梁鐵纜維之明景泰間邑令張鉞着民駱李清等復建石橋【隆慶駱志】袁布

政酈叔恩駱季清俞廷顯等希政子叙四叙六叙七叙八董其事（知縣單宇記）浣江在縣治之東又名酈溪相傳為西子浣紗之所其源發於浦江合義烏蘇溪東陽嵊縣衆流輻輳以成是江民夥涉之建橋以通往来然古橋廢久漫以鐵纜繫浮梁為渡正統間洛陽張公大器来宰斯邑欲去浮梁而置石橋集邑中耆彥袁希政酈叔恩駱季清輩相與度其可否尚義者爭趨之不數月而橋成公去後四年余代其任於公為同年民乃請紀其事橋舊名通遠名浣江今名太平從地志也為廣丈有六尺為長三十六丈有奇從地勢也始于景泰庚午之冬成于辛未之臘紀歲月也協力贊成之士尚義捐資之民若袁貴誠鍾伯顏陳孟玉楊彥忠酈源陳仕和等亦備錄以書其姓氏庶以垂勸云

又圮

國朝順治乙酉知縣劉士瑄重建（章志）趙光復陳治寧郭東百五十張立二

百十四袁世潤酈英郭英十七郭泰齡等董其事橋洞如舊者五加高可二尺許

長官橋〔隆慶駱志〕縣東五里宋淳祐中縣令家坤翁建俗呼落馬橋

茅渚橋〔章志〕康熙辛亥知縣蔡杓重修仍清理官田以備修築〔知縣劉光復橋田記〕暨城下五里有沙河不可壘石小舟又難迎濤即揷椿架木為橋動費數千金未踰年而又已朽蠹甲辰歲予再督石埂日臨其地一時同事者咸願捐金共造堅好置產以備修理不佞喜吾民之樂施助十金以成其美越數日而工竣雄峙周瀾無復曩時艱楚又買花園埂中田五畝零歲課二兩四錢四十人分四朋輪管生息時易朽蠹仍勒碑以杜侵漁四十人俱書名于左〔公舉事實〕乾隆

二年生員郭洋捐田二十畝以備歲修搆僧舍於渚畔蕉捨茶湯知縣方以恭爲詳憲勒石洋世居沙埭東岸時年八十有八

義津橋〈嘉泰會稽志〉在縣南二百步唐天寶中令郭密之建

會義橋〈浙江通志〉縣南一十五里舊名黃白山橋明隆慶中邑令梁子琦重建又名梁公橋〈姚江姜子羔記〉諸暨縣治之南十里許曰黃白山渡發源于浦江義烏諸縣而注之錢塘以歸於海會春夏雨大至波濤訇塩民漂爲魚往歲邑令常設官舟渡之覆溺千計行者病焉嘉靖丁卯邑侯梁公至都民俞

尊十五等具呈公覽之嘆曰夫成梁而濟衆王政首務也即日至渡所度費計工經新創往頗謂父老曰茲橋之敝惟形不便耳夫湍聚則激勢殺則緩若等宜疊石為柱鋒前則短後寧輕其上毋輕其下作梁惟木中為一洞左右翼之則直省而基固可萬年濟矣已復思之邑兩歲不登吾考諸藏則無積吾取諸下則滋擾無已則募可為乎身捐俸金五十緡以為橋費餘費以藉吾民之好義者協贊之衆皆爭先助給如石汗郭良貴趙尭等各出金有差費既具乃擇日鳩工始於隆慶三年某月某日越明年某月某日而工告完橋長二十一丈廣一丈六尺上結瓦屋數楹如橋長以蔽風雨且俾往來者憩而休焉是役也無煩官帑無傷民財事以屬耆民督之而一不經吏胥故制用有紀民不知勞工甫畢公且被名暨之士民德公之濟于是遂號為梁公橋公諱子琦字汝珍别號石渠壽州人己丑進士余既為記復系之銘銘曰惟此暨溪源迴濤長噴礴千里涉者阻喪譬彼苦海烟

波森莎為超而東孰桴以航梁侯之来既循且良視溺由己慨焉不遑曰茲鉅險惟民之殃父母之責我其身當我俸我祿惟民膏梁請捐以濟俾工其藏茲方之民間者霑裳彼官而施何民而藏長溪有橋矻然金湯丹楹鱗次如龍斯翔惟此橋工何速以康惟侯之德與波洋洋匪德胡紀匪詞奚彰刻此貞珉千載用光

當甌婺萬山之衢橋遂傾圮萬歷庚子邑令劉光復脩建〔劉光復記〕黃白川屬浙東諸暨達武林要津舊設渡夫一名後乃壘石為柱架以木橋綠亘重板上覆瓦屋十餘楹費踰數百金然不數載而風雨飄飄鈕解屋頹板木悉朽腐歲己亥予以賑濟過茲見殘木三兩株架其上一人緣而渡若將繫絕者為之惻然懾然舍之從舟過問居民曰曩者里中善士十餘輩約共捐金二百以費不敷而輟予亦私計工費之難刺刺於心一日耆民二十餘人請曰石工某謂橋可石造某等咸願捐金多者湍百少不下

三十金約計五百金可以集事敢告予曰爾等勸施若是當為爾成之於是以忠正者主錢穀幹力者主工役心計者會計僱值出納各依次就事起工於辛丑年七月至壬寅年八月報完橋長二十丈為三洪濶幾三丈中洪約五丈餘者　又圯民請賜名以志不朽遂題曰會義橋

國朝康熙庚戌知縣蔡杓重建〔章志〕者民趙瑞鯉沈應斗張思敬袁茂之捐募同建〔公舉事實〕乾隆庚午年橋久圯知府杜甲知縣瞿天翔重建紳士楊汝瑶袁麟徵毛育樓卜邑酈惟學趙大謀毛順袁南齡捐募同建

〔知府杜甲記〕

皇帝御極之十四年余知紹興府事

上諭地方官整理道路橋梁無緩諸暨縣内會義橋傾圯有年行人瀕於死者數矣　撫藩二大憲檄催飭修董理乏人邑之耆民趙獻遠等署名呈請稱廩生楊汝瑶克董其事　撫藩二大憲即令杜甲

星火勘估工程諸暨縣令翟天翱為余傳請楊生生謁余于橋東之劉公祠劉公祠者有明賢宰邑人士尸祝而俎豆之者也橋始名永安即以西隅董善士之名名之自劉宰甃石中多義捐復置橋田二百二十餘畝因易名會義初余晤生時值暑熱翟令在坐三人解衣磅礴汗浹如流余固請生固辭余窮謂其不喜任事必能成事生固辭余益固請既退翟令數謀諸生生度勢不可辭曰無已謀諸同志而可毛亶厚與其侄帝則袁杏書與其弟次衡素稱富而好施酈氏族最繁而酈成山尤為老成士皆附城之望也城之南趙宏畧夙與楊生同學而負幹濟才橋之南凰儀樓氏世董橋事而樓旦成善承祖父志其一家若而人兼與楊生交最密乃與共襄此事以故有今董事者八人翟令署八人名報　二大憲　二大憲檄發捐簿具領橋田租貯庫銀一千零二兩八人倡捐銀七百十兩復得善施紳士捐銀一千九百兩有奇橋制仍舊規三洞高距水面五丈六尺廣一丈六尺長

二十五丈東西兩擺砌以條石高二丈長一十八丈上下兩邊佐以石欄欄計四十八柱餘悉增高繼厚内累巨石礦灰土漿而外鋪板石甃之築之量工徒勤惰而上下其犒計工若干費若干自庚午三月迄辛未十一月凡再閱歲而工竣當鳩工未幾予奉

命調

補杭州庚午秋生届闈期謁余余始悉所以經理此橋之艱瘁煩重歷歷如見而私幸其功可指日成也夫天下甘苦勞逸之致有數存于其間橋以余始不以余終杭州一江隔耳猶得稔悉其事辛未再調直隸河間燕越萬里夐遊不接而風土人情異方殊趣不獲與八人者一觀其成則又余之恨事也橋成八人郵屬余記盖猶憶余當日檄致八人董事爲者因不辭縷縷言之志其巔末而勤之銘銘曰黄白山麓橋亘其腹上接婺甌波濤洄洑三百年来重興畚揭任怨任勞雅懷若谷柱底中流經綸地軸永

永歲年行人尸祝

祝橋〔章志〕縣北一十里始有竹橋渡宏治中洪水衝急渡者湮死邑人傅文魁誓建石橋被衝者再以禱神夢吉因以名祝萬歷中五世孫傅初等修之知縣劉光復爲之記〔劉光復記〕涓池傅氏本邑雄閭里能仗義急施予嘗出貲造橋十餘所祝橋其一也歲辛丑爲水衝瀉橋圮二洪傅火等告曰此橋吾祖所剏某等皆其子孫不忍没祖德傅生元之初請曰鄙宗凡出祖系者俱願力完其事不欲擾閭左越期月工報完傅氏子畢力纘緒則可謂孝溥惠遠近則可謂仁使予釋焦勞而免徵發之擾又可謂忠一舉而衆善集焉

櫟橋〔隆慶駱志〕縣東四十里萬歷四年知縣陳正

誼重建

五顯橋〔隆慶駱志〕又名三義〔知縣朱廷立記〕諸暨之楓橋有溪名楓川發源自萬山中深不可涉遇驟雨水漲勢洶湧亦不可舟舊有橋尋廢兩崖子過而嘆曰是可以無橋也與哉乃有耆民曰駱珖者樓濬者陳元璧者至則以橋事屬之三子唯唯退而各捐貲殫力樂而從事官府給之夫役而已或曰溪流失故道而斜衝橋之西岸後若有憂者兩崖子為浚復之比橋之成也乃題其額曰三義夫三義也者為三子言也為三子言也者不沒其美以示勸也兩崖子記〔里人駱問禮記〕諸暨楓橋鎮離縣治五十里舊有五顯橋橋與楓橋並稱雄要蓋溪流來萬山中大雨暴漲往往奔湧泛溢漫不可測至鎮分為二派穿市東為楓溪橋因以名穿市西為五顯橋溪流分處入楓樢山曲勢緩入五顯橋道直水勢更雄脩而圮圮而復造百餘年中每至四五萬歷癸酉

適圯方艱于造里之人駱世卿陳國賢等欣然任其事有梗之者未能奏功適華亭陳公見雲以名進士來蒞縣政謂橋當孔道政不可後由是輸財者至効力者專乙亥冬日橋遂落成凡三洞長七丈四尺高三丈七尺濶一丈六尺工料諸費約四百金任事諸君淬勞斥貲無少傾惜而石工李二不求羨直尤人所難佐籌者生員駱軒

輸貲者王元粹等共若干人別有列

楓橋〔宏治紹興府志〕在縣東北五十里唐時建宋淳祐間重建石橋作亭其上〔駱問禮楓橋記〕舊有橋頗雄麗歲久漸圯事當鼎建而縣大夫謝公適至乃名里之冠帶義民王元梓暨其子藩司從事希忠任厥事不踰歲而告成制悉如舊謝公名與思號方壺番禺人

干溪橋〔於越新編〕在縣東北六十二里相傳為干

吉所居〔魏驥干溪橋記〕干溪橋去縣治六十里春夏之交溪潦泛溢萬山之水皆滙於溪故橋常為所壞郡之貳守黃侯道經其地乃名其邑之義民駱某等告之適郡守洪侯來蒞曰此吾事也首出已俸為倡駱某等亦皆以貲力為助肇工於成化五年畢工於成化七年洪侯名楷閩之莆田人黃侯名璧江右浮梁人

千衕橋〔宏治紹興府志〕在縣北三十里居民于子深造

善感橋〔浙江通志〕在雙溪係浙東諸郡往來之衝明萬曆三十二年王友艱於嗣故建隨得數子因名善感〔知縣劉光復記〕南隅居民王友十一者素稱醇謹壯年艱於嗣矢心以雙港係浙東

諸郡往来之衝欲造橋利涉其兄王友三亦助之三年而得兩子弖次其事而為之記因命名曰善感橋

義士橋　宏治紹興府志　在縣西八十里里人陳志寧創義於此故名

千秋橋　隆慶駱志　嘉靖四十二年樓瑄百二重建

邑人駱問禮記　邑之望曰南山樓公人欽其德仰山嶽為暨故隸越其鎮山曰句乘即所謂南至句無者是已以樓公居比近德足相峙人之稱斯名也固宜水發句乘曰洪浦江俗傳句踐隱居句乘時嗣君率衆朝迎即命駕橋二所曰萬歲曰千秋今千秋橋當洪浦江之衝往来尤劇樓公具濟世才而厚於仁目擊是橋屢建屢圮成虧不常奚以經久木易腐石梁為可水迅急石柱為可土無演

則崩石塊為可不請于官不募于衆而毅然獨任之長八丈有奇濶六尺有奇白露下而謀始止於凌斯壯力将岸争勢與空鬪方軌轉轂経途者安當落成之日邑侯梁公莅爲曰橋稱千秋樓公亦千秋因為更其號曰千橋公君子謂之善頌善禱樓公名大孚行瑄百二萬歲橋在千秋橋北五里許今為田間水道名尚存

永和橋〔隆慶駱志〕善溪鄉民何德建後圮嘉靖七年何士奇何廷元何元頡等重建一名閔橋〔駱問禮記〕

永和橋當宣和鎮要津鄉之好義士何士奇暨何廷元何元頡同建于嘉靖戊子歲溪津接善嶺勾乘諸山之水湍悍病涉前曾建橋輒圮諸好義士謂建而圮與無建同命工擇材務求孔固至是踰五十年如新歲已酉余為諸生以遊學抵金華往還兹橋坦然莫知險易越丁卯使楚適阻雨行緩

将二鼓始抵鎮燈火過橋左右顧溪流淵瀲如履巨㰅而衝江濤也悚然神動是夜止友人何思學宅明日相與覽山川之勝復上是橋因嘆昨無是橋則投止無地而溪流暴悍是橋矻然當其衝歲月之久非偶然者思學為余道其由因謂族之人某方磨石欲書其事遂徵言于余久未有以應也今年萬歴丁丑以赴滇復過是橋思學更申前請借為書之而繫以詞廷元元頡皆何氏長者而士奇尤慕古自好思學即其子名敏于邑弟子員中最有聲詞曰木不在高維其有庇義不在異維其有濟冬日易箑夏日易裘登斯橋也念彼湍流

鏡方橋 知縣羅守仁記邑西六十里有鏡方橋創於崇禎十二年楊覲吾日久橋圮廪生楊如瑶捐資千金獨力重建乾隆辛酉工竣橋之堅緻十倍

於舊

通浦橋〈隆慶駱志〉鄉民傅丹造

新亭橋〈章志〉縣北十里萬歷己巳里民許椿六十一建置石梁〈知縣劉光復記〉暨城之北二十里地名新亭實東西浙水陸交錯之衝曩有石橋頹靡數十年石俱烏有路又壁立单削兩旁皆坑池沼渚每遇微雨霏雪汚淖滑澤人馬不敢展足擔夫不得弛肩稍一蹉跌必墮落陷阱弗能救援躋跋而前又阻衣帶莫渡予嘗以霽日過此四顧惴息縈撫輿而行越单木橋怔怔決背汍顙又況滂沱積日雨雪相仍能無僨轅敗橐者乎己亥冬西隅居民許椿六十一獨捐貲數百金甃橋砌路高堅坦直往来稱便六十一尋故其妻顧氏子一元一奎咸欲纘述先志願以廟前湖内田六畝零為橋產永備修理其弟椿八十一亟請建

碑余猶及記夫造橋時六十一已染重疴余三四經過目擊伊課督工匠勤勤不置惟恐不卒業為遺恨今踰若干年而妻若子若弟又惟恐其澤之不永德之易衰不惜資產必成先世之名書以授椿八十一令

為其兄記之

跨湖橋　章志城北五里萬歷壬寅耆民周文一捐建石梁　知縣劉光復記城北五里許有跨湖川受五洩諸流之水奔迅湍激橋三洪舊有石梁無梁每架木數株往來患之壬寅春予蹈湖至此近橋三老子弟環而訴欲就石梁問費約幾何曰百餘金問若等辦否曰無力予曰若是而何可草草者踰秋復巡湖抵橋所則已架石矣詢之三老子弟皆曰此里中耆民周文一者獨成之予自戊戌冬蒞暨適歲大祲議賑貸文一首出十金給里中為他鄉倡嗣是五春秋絕不見其面問之鄉曲亦不以德施自見予是以特表出之為善人勸

金浦橋〔章志〕萬歷癸卯知縣劉光復重建〔劉光復記〕縣下七十里三江口又二十里東岸地名金浦橋舊有石橋頹久不治淹塞江口無論往来稱難即内中十數湖粮田萬餘畝歲苦漲溢予踏湖至此居民叠叠争指利害咸謂橋當急𣪠予曰孰任其事居民曰此中馮陳袁郭数姓多長者堪任事于是名陳欽百三十七等十八人至計費二百餘金酌議公派協助各半戒期舉事余足不再臨而工報可

鯉魚橋縣南二十里　雙橋烏石溪　古李橋　黄沙橋　李家橋　萬歲橋　興樂橋　下黄橋　豐江橋今圯　郘家埠橋　朱橋義安溪　馬婆橋〔隆慶駱志〕橋之名者

黃婆橋　寶珠橋　〔章志〕橋之名者

渡

晚浦渡　〔浙江通志〕晚浦東連越郡西接蘇杭商賈往來之所向有義渡久廢

國朝順治間有傅應麟者置舡恐久復廢捐田五畝作船工食又捐屋三間收税作修船之費義渡自此永存

湄池渡　〔隆慶駱志〕嘉靖中里人故梧州府通判傅爍置船夫為義渡

街亭渡〈隆慶駱志〉官渡今有二渡列后

街亭上渡〈公舉事實〉在街亭市南爲諸暨達東陽要津康熙中居民架木爲橋水漲則濟以舟共捐田二十四畝零地二畝以備歲修捐輸者樓麟錫毛倚如陳越實徐帝程蔡廣生胡瑞甫趙六御徐燦如

街亭下渡〈公舉事實〉在街亭市西往來尤衝乾隆中居民捐田九畝零春夏備渡船秋冬設木橋知縣沈椿齡爲之記載藝文

新亭渡〈公舉事實〉乾隆十三年邑紳章嘉學捐田

九畝六分零樓屋一間以資義渡其地為水陸通衢又捐田二十畝零山五畝塘二店屋六建保福菴茶亭以便行客

茅渚渡官今有橋　宣家渡官　黃家渡官　潘家渡官

湖頭渡官　華家渡官今華　五浦渡　趙家渡

楊家渡今改梁家渡　馬郎渡　阮家渡　了山渡

夏家渡　橫塘渡　黃潭渡　石侯渡　蔣村渡

蔣晉陽造〔隆慶駱志〕渡之名者

步

安華步　湖頭步　硯石步　清水潭步　茅渚步
宣家步　釭竈步　陳宅步　下宣步　烏程步
姚公步　郘家步
隆慶駱志步之名者

形勝附

圖說諸暨處萬山之會長江滙之

王會新編諸暨形勢環邑皆山環山皆湖

舊浙江通志五洩爭奇郡湖瀉曜長山掛榜浣江拖練外屏杭烏之龍從內案苧蘿之森秀

萬歷紹興府志縣治坐漁櫓外屏杭烏面白巖內案

苧蘿諸山而左白茅右長山白茅比長山相去稍遠得浣江縈繞而茅峯高起勢實與長山争雄白茅之外屛則鐵崖芝菰諸山長山之外屛則五洩陽塘諸山而東白爲東南之崑崙五指鎮西南之門户道林紫巖諸山爲北東西之護衛其間扶輿蜿蜒森列奔峙要有不容盡述者

〔隆慶駱志〕諸暨爲縣左浣江右長山長山祖珠嶺在縣西南浦江界由珠嶺北紆特起離立如五指然曰五指山由五指而石壁北隅豐江爲金鵞山斗

子巖始至縣右是名長山一小支東拖南向名小
陶朱山縣治坐焉其本幹崺峛二十餘里復突起
為漁樔山浣江至縣北分為兩江而漁樔踞兩江
之中鎮其去路為縣後座縣東南嵊及東陽二縣
界為東白山高大為一邑諸山冠由東白而西曰
白巖山曰勾乘山俱鬱律參天而白巖尤雄縣治
對馬由東白而金澗且西且北至縣治東去三十
餘里特起一峯名白茅山寔縣之左耳由東白而
拖東直北從皁莢嶺走馬岡駐日嶺銅岡鐵崖綿

亘直至紫巖大巖再北則山陰蕭山矣縣西浦江富陽界曰五洩山由五洩而雞冠諸山綿亘五十餘里又當漁櫓山之北復參天而起是曰杭烏山實爲縣之後屏杭烏之後西則道林諸山東則紫巖諸山犬牙鸞翥而大江出其中

諸暨山水苧蘿與五洩最知名余謂苧蘿聞勝見五洩見勝聞而要以人心爲主遊苧蘿塊然石耳然而意中有西子明月一西子青苔一西子也遊五洩窅而深矣然而意中有默禪山亦寂寂而禪

意中有謝仙山亦飄飄而仙意中有劉龍山亦躍
躍而龍矣山靈然歟人心然歟他若産黄精以期
鍊師而石鼓亦爲之韻出紫石以資處士而烏帶
益增其高非山重人寔人重山外此爲志所不及
載者將來代有高人余又烏知一邱一壑之不皆
爲名山勝跡也昔人論詩曰詩中有畫論畫曰畫
中有詩而詩家之真境畫家之粉本取於山水爲
多詩如老鐵畫若老蓮倚天拔地出鬼入神是亦
暨之佳山水也夫沈椿齡識

古蹟

史家流别有郡書有瑣言有雜記邑之有志郡書也邑志之有古蹟瑣言雜記也詩有之惟桑與梓必恭敬止傳有之古曰在昔昔曰先民蓋俎豆尸祝之餘有不勝高曾規矩之思焉而其餘又以資多識諸暨自周秦以来邑良古哉間嘗徵山林之軼事考金石之遺文往往抉幽拾落於古人所曾棲止登陟之處輙為低徊留之不能去志古蹟

故都

越王允常故都（元和郡縣志）諸暨縣越王允常所居（越世家）少康庶子封於會稽後二十餘世至於允常（吳越春秋）越之興霸自允常始

越王都（水經注）吳越春秋所謂越王都埤中在諸暨北界

縣治

漢漢寧縣治（嘉泰會稽志）興平二年分諸暨大門村為漢寧縣吳改吳寧縣令大門里或即其地

宋義安縣治（嘉泰會稽志）乾道八年分諸暨之楓

橋鎮爲義安縣淳熙元年廢遺址尚存

宅

范蠡宅〔於越新編〕在諸暨長山側今爲翠峯寺

謹按王士正詩鶯啼范蠡宅草長謝敷家注云陽城者范蠡城也又句踐封范蠡于苦竹城去會稽縣十八里皆非暨地然暨故有范蠡宅前志辨之詳矣備錄如左

〔黄鄰志〕古士大夫作宦於此而即家於此者往往有之何獨於蠡而疑之宋吴處厚碑記已載淨觀院是蠡故宅范文正題翠峯寺詩更有明徵矣

〔隆慶駱志〕長山別名陶朱山又有陶朱鄉范蠡巖鴟夷井皆以蠡而得名越絶記曰范蠡其先居楚也生于宛橐吴越春秋曰蠡字少伯楚宛三户人素王妙論曰蠡本南陽人列仙傳曰蠡徐人其不

產于暨明矣史載霸越功成遊五湖浮海出齊變姓名號鴟夷子皮及去止陶號朱公暨安得以名其井與山哉此必後人有高蹈欲自比蠡者曰吾將為鴟夷矣吾將為陶朱矣此吾之井固夷之井也此吾之山固陶之山也如所謂堯母門蓋公堂之類而今失其傳矣或曰蠡不反句踐表會稽山以為渠奉邑即此山也故名二說必居一於此

〔章志〕句踐之還越也君若臣圖所以教養生聚者靡所不至暨處形勝上游問俗觀風蠡必數歷而常駐焉其所為宅必蠡官署也其所為巖必其遊觀登嘯之地也夫古今名賢車轍所到便成佳話蠡賢大夫善于民者必多故以其名名地詩曰勿翦勿拜名伯所憩此之謂也

西施宅〔太平寰宇記〕諸暨縣巫里句踐得西施之所〔翰府名談〕西子母浣帛於溪有明珠射體感而

孕又夢有翠雞五色自空飛下久而化爲鶡飛去

〔王會新編〕輿地志云西施鄭旦皆居苧蘿余親歷爲苧蘿一山阜爾訪之父老云施旦皆居茅家埠沿村有溪曾浣紗爲距苧蘿不遠及訪舊居竟不可得十道志又曰越王得之苧蘿賣薪女而不載鄭旦今厓濱止勒有浣紗處三字豈世遠年湮不可踪跡耶抑越王被逃時設舘于苧蘿山耶今茅家埠尚存茅家井云居井左右者世出佳麗一人亦猶緑珠所生之地而有緑珠井也

干吉宅〔宏治紹興府志〕諸暨縣干溪吴方士干吉所居

謹按三國志注志林曰初順帝時琅邪宮崇詣闕上師干吉所得神書于曲陽泉水上白素朱界號太平青領道凡百餘卷另有傳詳見仙釋

楊維禎宅〔名勝志〕諸暨縣烏帶山有鐵崖石崖如鐵元末楊廉夫世居於此因以鐵崖為號

謹按鐵崖山為楊廉夫先生所居因以為號無可疑者而元詩選注云廉夫嘗居吳山鐵治嶺故號鐵厓誤也

王冕宅〔宏治紹興府志〕冕諸暨人隱居九里山種梅千樹自題為梅花屋

謹按宋濂王冕本傳第云隱于九里山而萬歷紹興府志王冕傳云太祖取婺州遣胡大海攻紹興屯兵九里則九里山蓋在婺越之交其為諸暨無疑宏治紹興府志以為餘姚九里山未詳何據

臺

拜郊臺　浙江通志吴越武肅王建在大部義安二

鄉界

靈女臺　嘉泰會稽志在諸暨縣東北宏治紹興府

志在仙姑廟側

倚杖臺　會仙臺　浙江通志在五洩山

釣魚臺　舊志在大部鄉吴越武肅王曾釣魚石上

故建

壇

范蠡壇　萬歷紹興府志在縣南九里有陶朱公祠

亭

芝山亭〈萬歷紹興府志〉在縣西南三里唐天寳中郭密之建其山多芝草

龜山亭〈萬歷紹興府志〉在縣東二里放生湖中郭密之建

浣溪亭〈於越新編〉在諸暨浣溪

芝泉亭〈浙江通志〉在孝感山唐張萬和廬墓之所

句無亭〈萬歷紹興府志〉國語曰句踐之地南至句無今諸暨有句無亭〈舊浙江通志〉句東山南舊有

句無亭

八封亭（章志）在文廟後山

晚香亭（補遺）在流子里元陳大倫與賓客暢飲爲樂

自有亭（補遺）駱璡築璡字石卿給諫問禮曾大父也偉貌雄文累科舉不第號其讀書之亭曰自有人稱自有先生

駱問禮自有亭題　師心子駱石卿郢城太守之難兄平生慷慨負奇氣落筆恍聞神鬼驚讀書之亭大於斗扁取其名爲自有我問所名之義何石卿不答笑而走孔門究竟理無窮

兩字源流尚未通檢遍六經無覓處誰知只在魯論中陋巷簞瓢言最切伊川註上分明說苟能尋出樂事來方識聖賢真妙訣約之以禮博以文工夫在已不在人至於欲罷不能後便覺眼前都是春仙人洞口兮草木皆彬彬泌浦湖頭兮鷗鷺皆恂恂烏帶山環兮即之如申申幞頭峯高兮仰之如誾誾楓溪浩浩兮聽之如諄諄石橋平平兮由之如循循吾心涵萬象萬物備吾身措之可以為經綸他日要安天下民君不見古蘭亭正與自有亭相隣願君但飲顏淵水莫學流觴王右軍此威寧伯王公越題先曾祖自有亭詞也其下一圖題云八十五翁寫而詞在其上蓋王公親筆真足為

吾家世寶

見大亭　補遺　駱驂築驂字如乘號兩英給諫問禮父也其所築見大亭問禮記

駱問禮見大亭記見大亭者家君兩英公所作在宅前之山麓宅面南而亭西向因山勢也紫微山在其左鐘山在其右登亭則楓橋一境皆在其望中禮爲諸生時邑大夫王近山公登覽而名之且曰亦取宋周濂溪先生見大心泰之義蓋以勗家君而亦以勗禮云經始在嘉靖甲午禮尚未有知識至今萬歷癸巳六十年矣而復修之修者家君意而任其事則孫中行亭在其園之上故并以屬之耳亭不甚大四面空皇鑿石爲基後垣頗高長池在其下左一方池池上一小砰并前階庭俱鑿石爲之庭花臺四臺前陡坡雜植成林桃李發時遠望如錦近視則竹苗挺挺高下出嬌紅嫩綠間亦自成致其下園地頗寬每思爲小構亦有緒而卒中止所見惟薔薇茉麥之類不足數也方池環以短墻墻下植葵長池抵砰處植荷夏日納涼則金鱗淌目清芳撲鼻而舉首見烏帶山如賓南薰拂拂不知日之過午也墻外一池頗深而惟三面係石一面雖以碎石甃而中多

沙礫故水常不盈兩厓壁立好事者以海眼呼其池因亦呼曰海厓厓上突兀處可作一小亭望化城寺古塔而力不暇塔在紫微山頂其陰產白石英而烏帶山則產紫英家君號盖取諸此亭右無石小庭方丈一層砌三面各三級多植秋花因呼小芙蓉城城上一大坪此園中最高處夷為臺名白雲以其白雲時起也路當其下自園門至此頗長門内兩旁雜樹花木因名曰芳樹徑徑陡處疊石為梯遥望層層好事者謂其不俗梯盡處兩松夾道禮所見植者今已合抱物猶如此人其奈何雖非仁人之言其感一矣外景則山由烏帶從南轉西前繞幞頭白茅杜黃諸峯林立而北控泌湖直接石礀爾瞻百丈驛路衝其峽當幞頭峯下巖壑森羅原隰縱横市井交加雲霞早滂之態稼穡擔負輿馬之狀變見百出而高棟短扉前後掩映翠幹蒼標錯峙其間二溪穿市入泌楓橋跨其中不可見而人隱隱過樓頭橋因可指水漲則重湖一望如海近山公所謂見大者可想矣舊時花木足

供清玩来遊者率取以去数年間殆盡因修始漸復之禮自謝事歸時攜一僕筆沐茶竈徙倚其中興到則覔句搜奇客来則促席麈塵未嘗不竟日而家君雖倦步肩輿時至先行中行事暇亦率諸孫執几杖爲不知其非平泉金谷也造以漸成費置不計今修無慮三十餘金在民家亦不堪矣而不爲惜於戲家君老矣禮雖不敢自稱亦豈强壯而此亭六十年始一修自後更修不知何年使我子孫能修家君與不肖更能見之費何暇計乎

踪忠亭　莫菴錄　在渭池江岸明諸生傅中黄先生殉節處

樓

望烟樓　浙江通志　在四十一都宋黄振每日登樓

望村中有未舉炊者往送之糧鄉人德之因名

萬一樓（補遺）在楓橋鎮明給諫駱問禮讀書處自有記

（駱問禮萬一樓記）駱子始名其讀書之亭曰纘蓋先曾大父有自有亭老父有見大亭而德業皆未盡究不揣欲宏其緒云爾自有若取顏子不改其樂章句中伊川程子自有樂處之義見大則亭當山阜所見殊大而亦取濂溪周子見大心泰之義欲纘此二義良有不易者知終不能也更名其軒曰此中蓋取韓昌黎且于此中息之義爾繼復為此樓則顏曰萬一義取博文約禮博之于萬而會之于一此千古學術之訣欲尋聖賢之樂處而見其大未有不息于此而可得者則名樓之大槩也始在舊宅東北隅今另搆之則在後宅之西北而移此中軒于其前亦另搆之樓

三間俱七楹樓上貯書無慮數萬卷經史子集粗備其次則古今法帖數十冊若釋道陰陽諸外家書聊存其一二以備參考樓下施桌椅牀帳間可讀倦可息客至可坐庭不過四五丈雜儲花石不事珍富書分爲十三櫃許人來讀借去則不可防散失也客必心知始延之入初意建之別墅以便讀者今在宅中惟力所及嗚呼吾老矣昔人以年老讀書爲秉燭之光又讀得進恐吐不出欲以貽子孫而又未必能讀嗚呼豈誠然哉讀書老不若壯以警後生使知及時惜陰則可若語朝聞夕可之義則秉燭之說吾猶以爲非至而況其他貽金未必守也人且汲汲皇皇貽書即未必能讀定不爲害萬有能讀者不勝貽之金玉乎余自謝事歸內無聲色之娛外無山水之樂不惟鄉間瑣細即稼穡桑麻亦置不問優游此樓固不免釋卷茫然而開卷未嘗無益偶遇好我者與之探討疑義終日忘疲而客去則閉門如常不知老之已至所得于兹樓者多矣曾見一巨室多書爲當道子需索

每别購以塞責寧不爲害此事之不常有者食容可以咽廢嗟夫凡天下有形之物孰無興廢斯樓自我而建安知不自我而廢不自我廢安知不自我子孫吾已矣或子孫能守安知無擴而大之以繼吾志者然而能守與大此樓必自能讀此樓之書始則今日作記之意也若曰六經註我而以讀書爲大禁則斯樓誠爲胼贅然業已名此樓矣

元覺樓〔補遺〕明孝子陳于朝築自爲賦載藝文志

堂

梁武帝讀書堂〔舊浙江通志〕在諸暨縣永福寺有

硯水井〔萬歷紹興府志〕按武帝蘭陵人而生於秣陵其讀書于暨尚未有考云

〔宋華鎮詩〕六龍未入雍州日魯負詩書卧白雲

碧蓮堂書史楊次公飛白書在諸暨永慶院

軒

琉璃軒萬歷紹興府志在上省院

宋楊次公詩西軒一泓水瑩淨碧琉璃天人舉目視中有魚能知不知

齋

逍遥齋萬歷紹興府志在簿署内宋吴處厚撰記

并書

塔

元祐塔苧蘿山藁在楓橋東南化城寺宋時建

乾元塔 苧蘿山藁在楓橋西北牛頭山明萬歷中建

天元塔 章志在縣西三十里明萬歷間百歲翁楊義峯命孫肇泰建

里

孝義里 蘇伯衡孝義集序孝義里在諸暨縣孝義鄉即南宋賈恩所居

明鏡里 章志在六十六都有一小山遇大比年其明如鏡必發科名里人錢時有明鏡里賦載藝文志

莊

越州二莊〔葉適紹興府新置二莊記〕嘉定七年越州初建二莊於諸暨縣古博嶺

嘉林莊〔補遺〕明給諫駱問禮别墅一名宣莊

〔駱問禮嘉林莊即事〕策蹇陵晨野色開山莊亢坐淨氛埃驅牛佃客携漿問得免樵翁換垡来澗淺流長時見石山深林曠舊多林明朝訂約還將友莫使雞豚破碧苔

俯泌莊〔補遺〕明給諫駱問禮别墅一名阮莊

〔駱問禮俯泌莊即事〕山樓清暇撫瑶琴不是當年梁甫吟泌浦潮生漁艇亂瞻峯障遠獸羅沉桑麻百里村村錦秉穧千家粒粒金袖手怕聞天下事逢人先説歲華侵

山南莊　補遺　明知州鄭欽別墅

鄭欽山南莊即事　天上新辭乙榜歸暫居別野葺荆扉竹䶉慣齧琅玕健田鼠偷飡稻穗肥水為雨餘池面滿葉從霜後樹頭稀鄰翁問我功名事松到来科三尺圍

鄭天鵬南山別墅　草廬別在鳳山南門掩松蘿滴翠嵐萬傾黃雲香稻熟一簾紅雨小桃酣生胎晚放籠中鶴結繭春登箔上蚕有客問奇時醉酒東風花裏試驊騮

林

珠林　浙江通志　在五洩山

木

古木　袁宏道游五洩記　青口有古木一株土人云

是沉香樹一年一花

貝多木〈宏治紹興府志〉貝多木貞觀間寶掌禪師所植在諸暨寶掌巖上

謹按大業雜記新繙經從外國來用貝多樹葉旁行作書即此

桂樹〈章志〉在銀冶山大數十圍垂蔭數畝高十餘丈一望如山香聞十里有趙方氏建菴并捐田

鳥

頻伽鳥〈舊志〉在大嚴寺寶掌禪師以杖注地成木名貝多木上棲頻伽鳥雌雄相匹冬至產雛雛善

飛則棄去雛復生雛至今不絶

謹按環中迂叟象教皮編迦陵一名頻伽比翼鳥也又云共命鳥又名妙聲鳥釋迦譜序云馥簷蔔而無異鳴迦陵而無殊即此

石

蹄石〈會稽風俗賦注〉諸暨縣有馬蹄石舊言始皇東巡馬蹄踐此其跡存焉

西青山石〈章志〉在十九都居民鏟石於此見石中有西青山三字今字跡尚存

落星石〈章志〉在六十七都落星湖漢時星隕化為

石又一在十七都相傳星墮於此俗呼石扁擔石傍築淨舍名星石菴

隐仙石〈章志〉在隐仙山與眉月山相對其下有仙公菴相傳浮邱仙翁隐此石上有坐卧迹焉

石羊　石牛〈章志〉石羊在縣北六里朱太守廟側俗呼廟爲石羊廟石牛在九都石牛塢相傳有一石牛在村食苗人喝之即化爲石其形似牛

字跡

浣紗石字跡〈王思任遊苧蘿記〉苧蘿山石壁數十

尺題浣紗二字斗許大筆勢飛騫位置安善云是右軍筆予細察之大似褚河南褚固祖王者而字傍右軍字未滅又志云右軍墓在苧蘿山則此石乃其熟游之地理或有之即不是右軍亦必唐宋人高手所贋固自韻事而胥吏阿承官長易之名而冒其鞹可恨也

〔毛西河集〕仙遊唐梅臣為諸暨令既去書浣紗二字付陳太學持歸勒之石上好事者謬傳為王右軍書山陰王季重爭之為褚河南所臨而士人即堅持為右軍原有二字而唐宋間人榻襲之者於是為詩以記之藉藉梅臣聞之大笑

謹按浣紗石字跡昭昭在大江石壁之上非笥篋中物也如其昨無而今有此亦千萬人目所共覩者王譓菴與唐梅臣同時又何至擬議不定如是是梅臣可以竊右軍而右軍必不能竊梅臣固理之顯而易見者也特歷年已久字跡湮滅難認而梅臣為描寫出之一時胥吏遂以獻媚於官而官且因之以為名譓菴所記已自明白無疑

墨竹

翠峯寺墨竹（浙江通志）翠峯寺殿後墨竹宋劉叔懷所畫

器物

笛　古琴　胡琴　管　玉帶硯　古陶甕（補遺）

元高士楊維禎物維禎以六物爲客又自以身客六物之間作七客者志

楊維禎七客者志

抱遺老人嘗得斷劍於洞庭湖緱氏子煉爲笛又得古琴於赤城相傳賈師相故物得胡琴于大陵呂氏得管於杭老宮人所云宋道君内府物又得玉帶硯一古陶甕一硯爲文文山之手澤甕爲秦祖龍藏中器也既而闢一室以居六者老人時燕居其中六者皆以客待之而又命之名爲以鐵笛形如龍狀而聲如龍吟也故名之曰洞庭鐵龍君以胡斛聲相近琴又主於律口噤以珠而聲又如貫珠然故名胡琴曰西域斛律珠以象出于象山而以其齒爲管管又同于筒故名之曰象山管氏筒以古琴有焦尾材又聲如秋殺故名之曰赤城焦氏秋硯本石而玉帶文且出文山故名之曰文山玉帶石古陶出于滈池君之墓也盛酒其中經歲不變而

折花其中又能自葩實不死故名之曰陶氏太古春書洞庭書西域者紀異也書文山者尊忠臣也書管筒而不書道君書秋聲而不書秋壑書太古春而不書瀉池君以其所遇非其主也老人古之廉士今之恠奇人也以不遇于世又自客六者之間而七烏總而顏客之所曰七客者之寮客主道人而道人亦以客自目蓋相忘于六客之間不知主為客客為主也說光陰者謂百代過客人托一室於宇宙之内雖主亦客耳人于形骸之外有主客之分是以物我相形而間間之智詹詹之言鋒然而起惟達者不與物競而與化往来至吾忘物物忘我主客何有哉道人既自志而且歌六客之詩曰有客有客来洞庭駕罔象兮驂奔鯨千年含景雙龍精玲瓏七竅羅天星莫邪出匣鏗有聲一鳴一止三千齡　有客有客来西域龍頭高昂頸雌霓腹如巴蚺鳳匪翼口呀夜光集月梟奇聲擘山椎霹靂道人因之寫胸臆　有客有客来象山渡青海飛銀灣陪道主登玉壇吐星宿呈琅玕出

入爪甲氷雪寒號鬼母驚神肝一穀吹裂虎豹闕

有客有客来文山如金如鐵堅匪碩文山頹不可攀留爾亦足消羣奸静以安方以直帶蒼玉佩文石文星爛然守元默

有客有客来赤城碧梧楓裁光瓏玲音含太古文七星直如朱絲清如氷洗秋壑鳴秋聲金春玉應和以平

有客有客来渦池瞻然其腹蠹以癡曾經太古春風吹至今面肉凝如胎祖龍臭腐不足奇和氣自活千年枝

紫檀界方

宋牧仲筠廊二筆 汪玉水有紫檀界方一對首鐫行書云兀坐草元風后為奸爾佳鎮之世掌我編敬仲銘紹美製界圍雕花鳥極精工信出自名手上飾漢玉昭文帶一粟米文一卧蚕文血蝕殊古而瑩潤面刻草元閣佳器故楊鐵崖物

也

白杖　蠟屐〔補遺〕明駱給諫物杖稱珊瑚屐稱碧玉命之曰二寶自爲曲并序

駱問禮二寶曲　近得二寶一曰白珊瑚杖夫珊瑚可杖難矣而白珊瑚尤世所罕一曰蠟碧玉屐夫蠟屐尚矣而所蠟之屐以碧玉亦世所無老漫瞻玩無常扶杖曳屐即履高蹈汙無所不可命之曰二寶客有索觀者哂曰白杖蠟屐耳何珊瑚碧玉之有曰汝以爲白杖則白杖矣我以爲珊瑚則珊瑚矣即易以珊瑚杖加健乎即謂之珊瑚何不可也汝以爲蠟屐則蠟屐矣我以爲碧玉則碧玉矣即易以碧玉屐加便乎即謂之碧玉何不可也客曰然則子無實而盜名乎曰羨其名者正取其實吾以砭夫世之好奇而無實用者耳客大笑而去因爲之辭曰金衣公子潔素出

天然曲離奇慄且堅提携到處多方便周旋席前逶迤徑邊霜華玉潤蛟龍現笑當年馳驅萬里合爾握龍泉　蠟潤齒端平曳雙鳧一葉輕視謝家規製還周正　溪橋雪晴階苔露清任詩魔催促無泥濘論平生消能幾兩珍恤過瑤瓊

昔羊叔子登峴首山嘗愴懷於賢達王右軍作蘭亭亭亦嗟悼於古今一邑之中足以考鏡盛衰尚友前哲者莫古蹟若矣暨自周秦以来句踐定覇於前武肅割據於後歷年既久其遺跡往躅滅沒於荒榛宿莽間者不少迄今過允常之故都尚心游於生聚訪夷光之舊宅猶省識夫春風諷樂府

之篇錢笛之清聲不泯披元章之畫梅花之老屋常新此遐思別寄又有在於觀風理俗之外者博物云乎哉沈椿齡識

諸暨縣志　卷六

星野

刪書斷自唐虞堯典曰歷象日月星辰舜典曰在璿璣玉衡以齊七政蓋堯舜之政莫先於此自後世天官有書天文有志周髀宣夜以及安天穹天昕天星官占驗之說愈詳愈紛至遼史直斥為衍缺而不錄抑又甚矣雖然天道恢恢而限於一邑奚翅太倉稊米而已哉茲據前人論著而採其為吾暨所屬著志星野

周禮春官保章氏注星紀吳越也【疏】吳越二國同次者亦謂同年受封故同次也

爾雅星紀斗牽牛也【註】牽牛斗者日月五星之所終始故謂之星紀

爾雅河鼓謂之牽牛【註】今荆楚人呼牽牛星為擔鼓擔者荷也

左傳昭公三十二年夏吳伐越始用師於越也史墨曰不及四十年越其有吳乎越得歲而吳伐之【注】此年歲在星紀吳越之分也歲星所在其國有福【疏】天文分野斗主吳牽牛主越此年歲星在牽牛

謹按斗牛女為吳越之分從同從異不一春秋傳吳越同壤漢永嘉中木火金聚牛女孫氏實有江左陳亡有星孛於牽牛則吳越實同占矣魯昭公三十二年夏吳伐越史墨曰越得歲吳伐之必受

其占似吳越分星各有所主然說者謂天文志云歲星所在國不可伐可以伐人吳所伐者乃同得歲星之國故占杜氏曰歲星所在其國有福吳先用兵故受其殃此越得之之說也班志吳斗分野越牽牛婺女分野唐一行以為南斗在雲漢下流故當淮海間為吳分牽牛去南河寖遠故自豫章至會稽南逾嶺徼為越分而劉基清類分野編次紹興府曰牛女分野占牽牛亦占婺女王嗣臯云要之紹興境其陽占牽牛瀨海為陰占婺女而雲漢貫注從南斗來故仍兼斗古稱吳越同占者以此南河星名凡三星在井宿東南

春秋元命苞牽牛流為揚州分為越國

謹按鄞縣志云流者自彼及此之謂分者由本及支之謂星本北而地在南精氣流映揚為本而越為支光芒旁燭

春秋文耀鉤蒙山以東至南江會稽震澤徐揚之州

屬權星

越絶書越故治今大越山陰南斗也吳故治西江都

牛須女也

吳越春秋吳與越同音共律上合星宿下共一理

史記天官書南斗其北建星牽牛其北河鼓婺女其

北織女索隱須女謂之務女或作婺

漢書天文志斗江湖牽牛婺女揚州

漢書地理志吳地斗分野也今之會稽九江丹陽豫

章廬江廣陵六安臨淮郡盡吳分也粵地牽牛婺女之分野也今之蒼梧鬱林合浦交阯九真南海日南皆粵分也

謹按鄞縣志云班志地理斗分吳牽牛婺女分越而志天文又以斗屬江湖牽牛婺女屬揚州亦自異矣

後漢書律歷志注自斗六度至須女二度謂之星紀之次越之分野

三國吳志注會稽典錄虞翻曰會稽上應牽牛之宿下當少陽之位

謹按嘉靖寧波府志云不及斗婺女蓋舉其中牽牛則前後二星皆舉之矣

晉書天文志自南斗十二度至須女七度為星紀於辰在丑吳越分野屬揚州

晉書天文志斗牽牛須女吳越揚州丹陽入斗十六度會稽入牛一度

唐書天文志貞觀中淳風譔法象志因漢書十二次度數始以唐之州縣配焉南斗在雲漢下流當淮海間為吳分牽牛去南河寖遠自豫章迄會稽南逾嶺徼為越分

謹按星紀在北吳越在南周禮賈氏疏以古者受封之月歲星所在之辰爲分次則春秋戰國之諸侯以之占妖祥可也後世占分野而妖祥亦應豈在古者受封之辰乎唐一行曰懸象在天其本在地星之與地以精光相屬而不繫乎方隅其占測以山河爲限而不主於州國斯爲得之徐渭會稽志謂數里之山松生其南苓生其北此枯彼枯此榮彼榮精通之極也嘉靖寧波府志謂以歷家仰儀之理推之則星紀在北而光燭于南其以吳越當之者從星紀之所燭也顧豹文云測地者午南子北測日晷者午北子南今吳越在南而測之者在丑之辰是與測日晷者同法亦可謂巧譬而善導矣仰儀反以觀天取光之所燭爲驗

通占大象歷星經　南斗六星主天子壽命亦云宰相爵祿之位盛明王道和平將相同心帝命壽天下

安

宋史天文志北方南斗六星天之賞祿府主天子壽算爲宰相爵祿之位南二星魁天梁也中央二星天相也北二星天府廷也南星者魁星也北星杓也石申曰魁第一主吴二會稽

謹按王嗣臯云凡太陽黄道二十八宿直之每宿有一距星距者以此宿與彼宿相距之界也自漢迄宋皆以斗柄爲距星故吴越分野始于南斗十一度至須女七度其自斗十一度以前毎占無氽多不驗郭守敬精筭特絶不以斗柄爲距星而以斗魁爲距星實從唐僧一行之言悟入

文獻通考宋兩朝天文志天市垣二十二星東西列

各十一星其東垣南第六星曰吳越

王十朋會稽風俗賦越於九域分曰揚州仰瞻天文度當斗牛在辰為丑自夏而俟

清類天文分野書紹興府禹貢揚州之域其山鎮曰會稽牛女之分

明史天文志浙江布政司所屬之杭州湖州嘉興嚴州紹興金華衢州處州寧波九府皆牛女分台州温州二府斗牛須女分

内緯秘言牛五度紹興府山陰會稽入八分之五蕭

山諸暨餘姚入八分之七女三度紹興府上虞嵊縣新昌入四分之六

謹按内緯秘言分析各邑殊難曉以測法論之二百五十里差一度内緯秘言以牛五度蕭山諸暨餘姚入八分之七今按諸暨北六十里為蕭山界蕭山南六十五里為諸暨界是猶可言者若諸暨東七十里為會稽界會稽西南八十里為諸暨界又東九十里為上虞界上虞西二十八里為會稽界又東二十里東南四十五里東北二十里為餘姚界餘姚西三十里西南六十里西北七十里為上虞界然則諸暨之與餘姚豈直二百五十里而已哉乃同以入牛五度八分之七何謂也上虞于諸暨視餘姚為近諸暨南與嵊縣界嵊縣南與新昌界其遠亦未有過于餘姚者而乃以上虞嵊縣新昌同入女七度四分之六且諸暨與金華三縣為界而東陽入牛三度六分之四義烏浦江入女

四度七分之二亦與富陽為界而以入斗十三度八分之九有不可以道里計者

舊浙江通志古測紹興牛女分野今測紹興斗五度

謹按測有古今不同然明史用西洋人測法亦二百五十里差一度而分野所列浙江布政司所屬杭州湖州嘉興嚴州紹興金華衢州處州寧波九府皆牛女分台州温州二府斗牛須女分則舊浙江通志所云古測今測亦未知分于何時

星野明所統也周禮保章氏以星土辨九州之地所封之域皆有分星宗玉曰方地為輿圓天為蓋渾天之家謂天體形如雞卵地居其中天包地外于是言輿地者莫不推本乎天文此分野所由昉

也諸暨彈丸一邑隸於揚州而統於會稽故前人論著亦無專屬然星經占驗歷有明徵觀象察變未容盡闕謹爲摭拾前史如干條星野大畧具是矣若夫淸晰分杪俟有精歷法者測而得之容當續載焉沈椿齡識

祥異

史家天文有志矣復志五行志災祥也河圖雒書相為經緯八卦九章相為表裏其理誠微渺難知漢董仲舒劉向之徒言之鑿鑿有據說者以為其學頗近術數必逐事而比之一或不驗則幾以為無徵而怠焉要其警惕垂戒之意何可廢也謹據前志所載而附以所見所聞所傳聞志詳異

水之屬

恒寒

萬歷紹興府志宋孝宗乾道元年二三月諸暨盛寒首種敗蠶麥損

雪霜

章志明萬歷二十四年冬雪連春山積丈許人民凍餒鳥獸多死

三十一年六月大寒飛雪人復衣綿

崇禎十二年大雪沒湖

冰雹

宋史度宗紀咸淳七年六月丙申紹興府諸暨縣大風雨雹

紹興府志明嘉靖二十三年春諸暨清明日大雨雹有如斗大者傷麥

萬歷四十五年六月六日午時諸暨雹雷驟作寒逾冬月

崇禎十三年諸暨雨雹害稼殺牛羊甚衆

國朝康熙三年四月朔諸暨雨雹雷震

章志 明萬歷二十五年九月初雷大震城裂數尺

天啟七年六十都岳駐山轟雷驟響塔石忽燃經時始滅

蝗蝻

紹興府志 宋孝宗隆興元年秋諸暨螟

元成宗大德十二年諸暨蝗及境皆抱竹死

明世宗嘉靖六年諸暨蝗飛蔽天

十九年夏諸暨蝗

二十年諸暨蝗

莊烈帝崇禎十二年秋諸暨蝗飛蔽天

十四年諸暨蝗徧野斗米價千錢知縣錢世貴屬

民以火照水蝗赴水死者十之三

浙江通志雍正十一年十月浙江總督管巡撫事程

元章爲咨明事查上年田禾間生小蟲收成畧減

諸暨按户賑恤荷蒙

皇恩諭允欽遵在案

豕禍

隆慶駱志嘉靖五年十二都孟氏畜猪產人一目有

尾

龍蛇之孽

隆慶駱志晉時劉姓一男子釣扵五洩溪得驪珠吞之化龍飛去人號劉龍子

隆慶駱志宋仁宗嘉祐四年尚書王應宸王希呂安定郡王趙子濤禱雨扵五洩龍見爪如人臂紅光射人

理宗淳祐二年縣令趙希恪禱雨於五洩東潭龍見一角而雨

明隆慶二年知縣梁子琦禱雨於雞冠山得蜥蜴
人曰龍也迎至大雄寺梁力疲行少卻忽堂隅大
雷暴震屋瓦若解梁急扶走拜越明日雨民建靈
雨亭至城東半里
浙江通志萬歷三十五年閏六月諸暨縣山中出蛟
洪水泛溢溺人不可勝計
人痾
隆慶駱志正德十三年十九都楊氏妻產一豝
浙江通志嘉靖二十年諸暨縣南隅張氏妻一產四

子

隆慶元年諸暨縣民袁氏妻一產三男

隆慶四年諸暨縣豐江周氏妻一產三男

續羊棗集陳姓妻馮有鬚十餘根長二寸人言婦人男相者非貧即殀且無子李光弼母有鬚數十長五寸許非男相乎而有子光弼又有光進封韓國太夫人二子節制皆一品死葬長安南原將相奠祭凡四十四幄時以為榮馮壽九十雖止一子而多孫亦善營家相法之不可知也如此

苧蘿山稿郭氏女葬逾年發之如生重生集序六合奇怪事雖邑設一董狐不能記也怪之又怪無如人類秦諜戮六日而蘇西漢宮人遇東漢人發塚而生近世男子

化女子女子化男子皆名筆所載故老相傳甚夥而張尭文再生事海內無不傳駝者張令為憲副物故矣傖父猶能以腐談排耶余居恒與叔言地仙事叔驚曰往者郭氏有好女葬逾年發之肉色如生惟髮落更生新髮爪長數寸我聞以為誕不敢言古今誠有此耶余因引事證之刻重生集

紹興府志萬歷二十九年諸暨城西姜氏妻產子即咬其母死子亦旋亡

三十年天稠鄉一婦妊十五月產子鬚髮俱白不乳食死

天啟初諸暨蔣氏妻產一女未幾變男及長仍變為女後嫁夫孕一子而死是年春諸暨二十一都

王氏妻生子有兩陰囊撫之月餘殀

公舉事實乾隆三十二年附二都金氏妻一產三男

三十三年七十二都應氏妻一産三男

人瑞

隆慶駱志孫盈念五妻俞氏年百五歲七子皆耆英諸顯達贈詩成帙孫盈念五著有草堂詩稿相傳亦百歲

公舉事實崇禎中楊天鶴年一百一歲

章志

皇清康熙十年諸暨一都民朱良妻徐氏一百三歲

〔公舉事實〕康熙中楊鐸年一百歲

康熙丙戌蔣爾璠年百歲著快哉集時稱百歲快

翁

疾疫

〔萬歷紹興府志〕宋高宗紹興元年孝宗乾道元年諸

暨疫

元成宗大德十年武宗至大元年諸暨疫

隕石

〔萬歷紹興府志〕漢順帝漢安二年有星隕於諸暨縣

東北二十里化爲石

〔隆慶駱志〕隆慶元年雞冠山石墮大如巨屋至地震爲池復躍過溪乃止浣江潭石有文曰戊辰大旱是歲旱不甚

水潦

〔萬歷紹興府志〕宋仁宗景祐元年八月甲戌諸暨大水漂溺民居

高宗紹興五年五月諸暨水

二十七年諸暨大水

〔宋史五行志〕乾道四年七月壬戌諸暨大水害稼〔隆慶

〔駱志〕是年准史浩奏湖田米折帛

〔萬歷紹興府志〕淳熙八年五月諸暨大水流民舍敗

堤岸腐禾稼

光宗紹熙四年四月霖雨至於五月壞圩田害蠶

麥蔬稑

寧宗慶元三年九月諸暨水害稼

〔宋史五行志〕嘉定三年五月諸暨大雨水圯田廬市

郭首種皆腐

萬歷紹興府志嘉定五年六月丁丑諸暨水壞田廬

宋史五行志嘉定六年六月戊子諸暨縣風雷大雨山洪暴作漂十鄉田廬

萬歷紹興府志嘉定九年諸暨大水

十五年衢婺徽嚴暴流與江濤合氾濫及諸暨𣺌田廬害稼

理宗淳祐八年秋諸暨大水詔除湖租賑被水之家

寶祐四年秋諸暨大水詔除田租

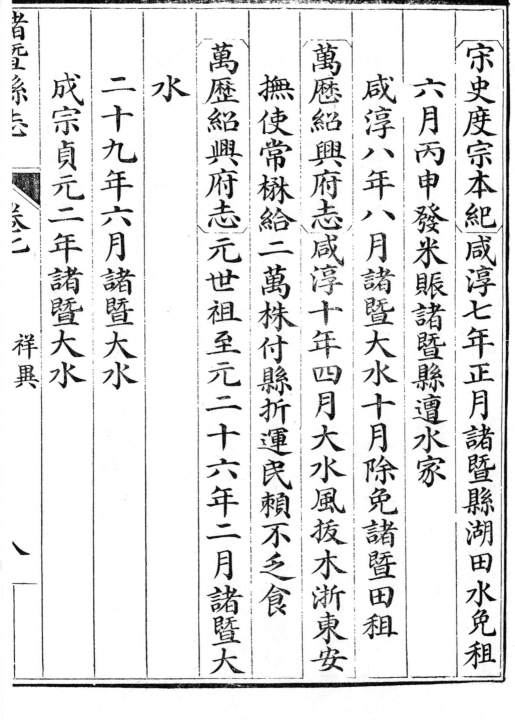

宋史度宗本紀咸淳七年正月諸暨縣湖田水免租
六月丙申發米賑諸暨縣遭水家
咸淳八年八月諸暨大水十月除免諸暨田租
萬歷紹興府志咸淳十年四月大水風拔木浙東安
撫使常楙給二萬株付縣折運民賴不乏食
萬歷紹興府志元世祖至元二十六年二月諸暨大
水
二十九年六月諸暨大水
成宗貞元二年諸暨大水

文宗至順元年諸暨水

明實錄洪武四年正月免諸暨縣水災田租

紹興府志英宗正統八年夏淫雨害稼

憲宗成化七年夏秋大雨水害稼

嘉靖浙江通志成化九年八月浙江巡撫劉敷奏諸

暨被水田畝税糧所宜蠲免從之

紹興府志成化十二年秋七月大雨害稼

武宗正德七年秋大雨水害稼

世宗嘉靖二年水

八年水

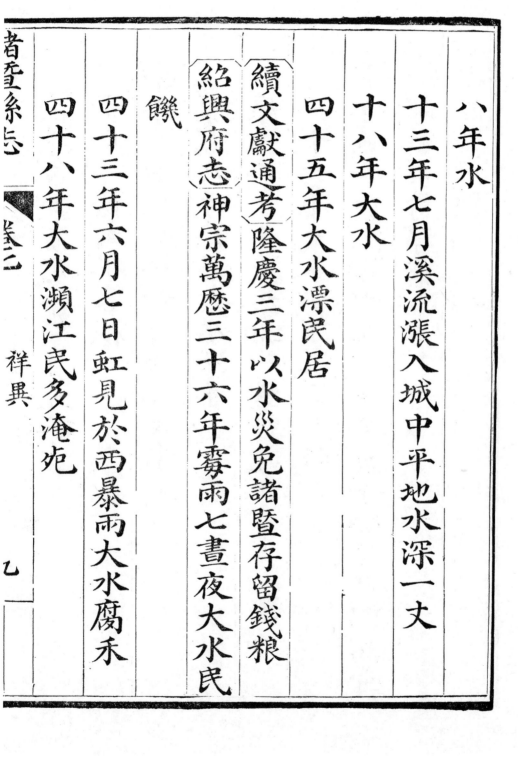

十三年七月溪流漲入城中平地水深一丈

十八年大水

四十五年大水漂民居

〈續文獻通考〉隆慶三年以水災免諸暨存留錢粮

饑

〈紹興府志〉神宗萬歷三十六年霪雨七晝夜大水民

四十三年六月七日虹見於西暴雨大水腐禾

四十八年大水瀕江民多淹死

莊烈帝崇禎元年七月大水

十三年秋大水害稼

〔章志〕順治十四年六月十九大水

康熙九年六月大水淹禾

康熙二十年大水舟行樹杪之上

二十一年大水城不没者三板

〔浙江通志〕康熙二十九年十二月十八日户部為彙

報秋災等事覆

准諸暨照例蠲免

康熙三十九年正月户部為彙報秋災等事覆
准諸暨上年被災田畝照例蠲免
康熙四十三年正月户部為彙報秋災等事覆
准諸暨被災田畝照例蠲免
〔蠲賑冊〕乾隆五年諸暨水奉
旨賑恤并
賜蠲免
乾隆九年諸暨水奉
旨賑恤并

賜蠲免

乾隆十七年諸暨水奉

旨賑恤并

賜蠲免

乾隆十八年諸暨水奉

旨賑恤并

賜蠲免

乾隆二十三年諸暨水奉

旨賑恤并

賜蠲免

乾隆二十六年諸暨水奉

旨賑恤并

賜蠲免

乾隆二十七年諸暨水奉

旨賑恤并

賜蠲免

水變并有祥

〔隆慶駱志〕唐天寶五載張氏墓側出泉如醴

晉天福二年治東二十五里文殊巖出泉如醴

明永樂二十一年江潮至楓溪

宣德二年江潮至楓溪

成化十八年江潮至楓溪

宏治十七年江潮至楓溪

嘉靖十年三十四年江潮至楓溪

火之屬

恒燠

〔隆慶駱志〕嘉靖十九年冬無雪

草異並有祥

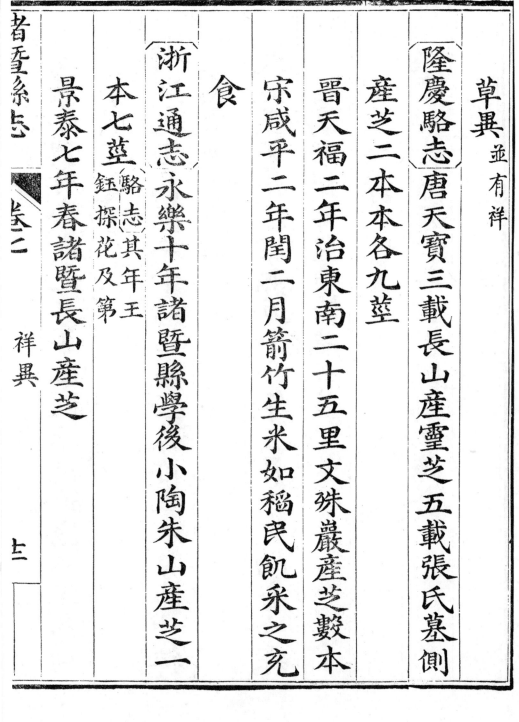

隆慶駱志唐天寶三載長山產靈芝五載張氏墓側

產芝二本本各九莖

晉天福二年治東南二十五里文殊巖產芝數本

宋咸平二年閏二月箭竹生米如稻民飢采之充

食

浙江通志永樂十年諸暨縣學後小陶朱山產芝一

本七莖駱志其年王鈺探花及第

景泰七年春諸暨長山產芝

〔萬歷紹興府志〕成化三年冬桃李花正德二年冬桃李花有實者

〔浙江通志〕萬歷二十六年諸暨縣竹生米每節一粒民采食之呼爲箭米

〔大觀堂文集序〕康熙五十八年五月朔許尚書汝霖宿高湖榻外忽產靈芝三莖

羽蟲之孽

〔隆慶駱志〕景泰七年秋白鸜鵒止縣舍

火災

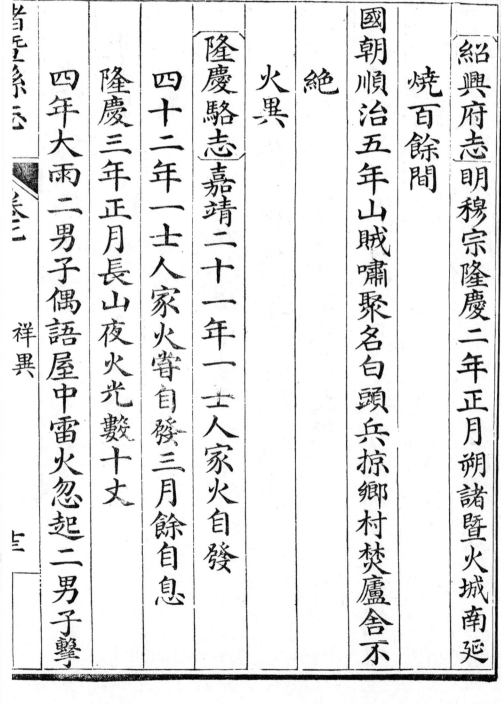

紹興府志明穆宗隆慶二年正月朔諸暨火城南延燒百餘間

國朝順治五年山賊嘯聚名白頭兵掠鄉村焚廬舍不絶

火異

隆慶駱志嘉靖二十一年一士人家火自發

四十二年一士人家火晉自發三月餘自息

隆慶三年正月長山夜火光數十丈

四年大雨二男子偶語屋中雷火忽起二男子擊

死一婦人無恙

木之屬

恒雨

〔章志〕萬歷二十九年伏中連雨十日

三十五年五月六月兩月連雨不止

四十六年自二月至五月大雨

天啟七年五月雨數日東城外嵩山廟是年衝圮

鷄禍

〔輟耕録〕至正丁酉三月諸暨袁彦誠家一鷄伏五雛

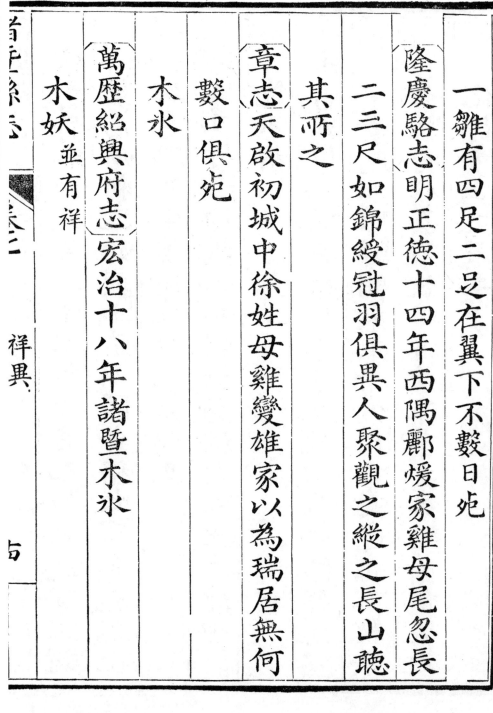

一雛有四足二足在翼下不數日斃

隆慶駱志明正德十四年西隅酈煖家雞母尾忽長二三尺如錦綬冠羽俱異人聚觀之縱之長山聽其所之

章志天啓初城中徐姓母雞變雄家以爲瑞居無何數口俱斃

木氷

萬歷紹興府志宏治十八年諸暨木氷

木妖並有祥

宋書符瑞志元嘉二十四年七月乙卯木連理生諸暨楊州刺史始興王濬以聞會稽太守羊元保上改連理所生處康亭村為木連理

唐書五行志神龍二年諸暨縣治東五里木連理

貌不恭

宋書五行志明帝泰始中幸臣阮佃夫勢傾朝廷室宇豪麗車服鮮明乘車常偏向一邊違正立執綏之體時人多慕效此亦貌不恭之失也時偏左之化行方正之道廢矣

金之屬

恒暘

〔萬歷紹興府志〕宋仁宗嘉祐四年夏諸暨旱

孝宗淳熙三年諸暨旱

七年諸暨大旱

十四年秋諸暨大旱

寧宗開禧元年夏諸暨大旱

理宗淳祐二年夏諸暨旱

元順帝元統元年諸暨自正月不雨至於七月

三年諸暨旱

至正十二年諸暨旱

紹興府志明憲宗成化二十三年大旱

武宗正德三年旱

世宗嘉靖五年旱

二十四年大旱斗米銀二錢

三十三年旱

熹宗天啟五年大旱

莊烈帝崇禎九年旱

十六年旱

國朝順治九年旱

十八年旱

康熙十年大旱

〔浙江通志〕康熙五十六年正月户部為彙報秋旱等事覆准諸暨被災田畝照例蠲免其被災黎民動截留漕米委員賑濟

康熙六十年十一月户部為彙報秋旱等事覆

准被災田畝照例蠲免仍將備賑米穀動支散賑

（蠲賑冊）乾隆十六年諸暨旱奉

旨賑恤并

賜蠲免

乾隆二十一年諸暨旱奉

旨賑恤并

賜蠲免

詩妖

（萬歷紹興府志）宋紹興元年十二月諸暨民訛言相

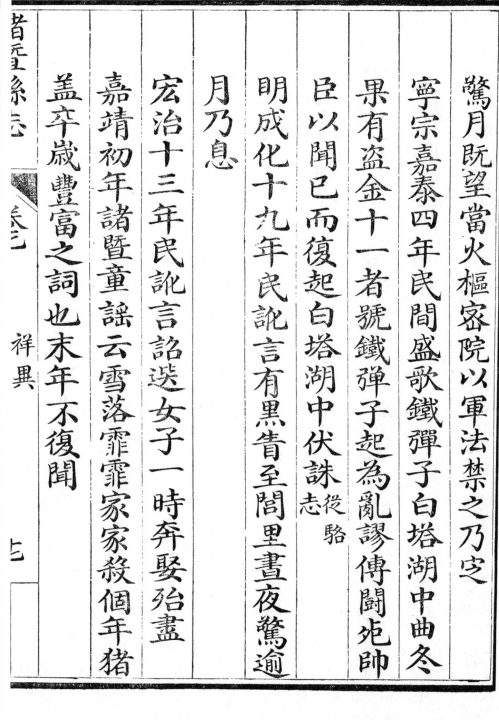

驚月既望當火樞密院以軍法禁之乃定

寧宗嘉泰四年民間盛歌鐵彈子白塔湖中曲冬果有盜金十一者號鐵彈子起爲亂謬傳鬬炮師臣以聞已而復起白塔湖中伏誅從駱志

明成化十九年民訛言有黑眚至閭里晝夜驚逾月乃息

宏治十三年民訛言詺選女子一時奔娶殆盡

嘉靖初年諸暨童謠云雪落霏霏家家殺個年猪蓋卒歲豐富之詞也末年不復聞

三十二年諸暨楓橋民訛言一夜走竄畧盡

三十七年諸暨民間訛言有青男女戒備夜不敢

寢

隆慶二年正月民訛言詔選女子婚配畧盡如宏

治時

毛蟲之孽

宋書符瑞志孝武帝大明元年二月己亥白鹿見會

稽諸暨縣獲以獻

萬歷紹興府志元成宗大德十一年諸暨虎暴入市

三日死城隍廟後

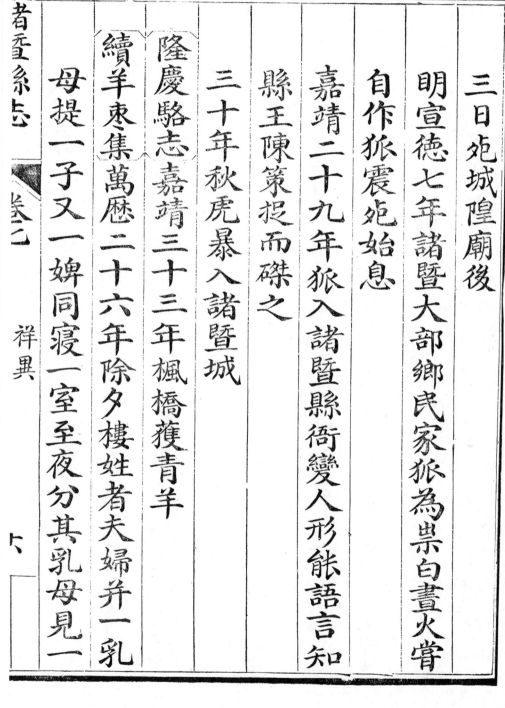

明宣德七年諸暨大部鄉民家狐爲祟白晝火嘗自作狐震死始息

嘉靖二十九年狐入諸暨縣衙變人形能語言知縣王陳策捉而磔之

三十年秋虎暴入諸暨城

隆慶駱志 嘉靖三十三年楓橋獲青羊

續羊棗集 萬歷二十六年除夕樓姓者夫婦并一乳母提一子又一婢同寢一室至夜分其乳母見一

戴破紗帽穿紅者手執銅錘向乳母奪其子不予困之乳母聲咿咿夫婦與婢俱昏迷及蘇聞有腥氣五年前其同宅者一母二女同卧亦被昏迷而二女竟死亦有腥氣人疑狐精為祟

犬異

萬歷紹興府志 元順帝至正間諸暨吴銓家犬病踣子啣食哺之及死埋山下有花開如白鳳仙人呼孝犬又名桃花犬 楊維禎贈以詩見藝文志

知州王慶孝犬録 至正癸酉秋八月余過孝義山中訪遺老曰吴長卿氏長卿氏

貌古神清嘗倣浦汭鄭貞和家規戒子姓永不異居甚有條理可觀因出一巨編示余曰家有犬能哺食病踣母生疱肉骨之犬死葬屋南山陲未幾塚上開花如白鳳形素無根種且父老不曾識以故士大夫因物致性立言若干維時花正開乃索来觀之果異哉自予来守是州便聞長卿氏有賢行今觀其人所聞益信觀其子姓雍睦知其後必大喜而為書孝犬塚三大字仍名之曰白鳳山云

白眚白祥

宋瀛武功記有白氣自東北經天占書軍中見白氣者剋敵之象

土之屬

恒風

隆慶駱志宋高宗二十八年大風

孝宗隆興元年秋大風

〔紹興府志〕明宣德二年成化十八年宏治十七年嘉靖十年三十四年崇禎元年諸暨大風

〔浙江通志〕康熙五十一年十一月户部爲彙報風雨等事覆准諸暨被災田畆照例蠲免仍令動常平倉米穀賑濟

〔蠲賑冊〕乾隆二十八年八月偶被風雨勘不成灾奉恩借給籽本衆

賜緩征三十年正月概
予蠲免
風霾晦冥
章志明萬歷三十三年十八日天明已久而復晦
四十年五月十二日黑霧迷障冒行者即疫茹腥
必斃
國朝康熙二十一年三月十八日白晝晦冥狂飇拔木
揚沙豆麥無遺種
花妖

章志明崇禎九年附二都趙氏池内產五色蓮花每

日入時赤光灼天

蟲孽

浙江通志隆慶三年諸暨珠嶺民邵氏養蠶力不能

喂棄之山中後皆成繭

牛異

萬歷紹興府志嘉靖二十一年諸暨泰南鄉徐氏牛

一產三犢

地震

〔萬歷紹興府志〕晉武帝太康九年正月諸暨地震

元帝大興九年三月丁酉諸暨地震

元順帝至正十三年十二月己酉諸暨地震

明成化十一年諸暨巖坑地裂

〔章志〕萬歷三十二年十月八日夜分地震

國朝康熙八年六月七日夜分地震

地生毛

〔章志〕康熙八年八月地生白毛長四寸許

年饑

萬歷紹興府志宋高宗紹興元年諸暨大饑

八年諸暨大饑民食糟糠草木殍夗殆盡

十九年諸暨大饑

孝宗乾道元年淳熙九年諸暨饑

寧宗開禧二年諸暨無麥

理宗嘉熙四年諸暨薦饑

元世宗至元十八年諸暨饑道殣相望

成宗元貞六年六月諸暨饑

大德十年諸暨大饑

泰定帝泰定元年文宗天歷二年順帝元統三年

諸暨俱饑

〔紹興府志〕明莊烈帝崇禎十三年諸暨夏旱秋水大饑斗米價五錢人食草木地中白土呼爲觀音粉食之〔明史〕年饑食觀音粉多腹痛隕墜卒枕藉以死

謹遵前史分列五行如右

考之周官正歲年序事則太史馮相氏掌之觀妖祥辨吉凶則保章氏眡祲司之五行天文律歷亦判然爾自史傳多以類從漢時緯候雜出歷術妖

占又混而爲一其説率荒誕不經致私習天文者有禁然所禁者實占驗之書而五行之志未嘗盡廢測天行之順逆垂人事之勸懲君子以恐懼修省則祥異亦治化之資也誰謂天道遠人道邇哉

沈椿齡識

諸暨縣志卷八

物產

物必辨其所產故橘踰淮而北為枳鸜鵒不踰濟貉踰汶則死此地氣然也相如上林賦盧橘黃甘之類王梅溪以為皆上林所無然梅溪會稽賦雜舉秔秫桑蠶楓松梓桐之屬孫因越問又以為皆他郡所有考禹貢及周禮職方氏載方物第區九州言之而今且區之以一郡又區之以一邑百里之間其地氣當不大相殊要以物之所無不敢有

物之所有不敢無志物產

穀之屬

隆慶駱志曰早稻曰晚稻曰糯稻種類甚多曰大麥曰小麥曰蕎麥曰白荳曰黃荳曰青荳曰烏荳總曰大荳曰赤荳曰綠荳曰釭荳曰蠶荳曰裙帶荳曰羊眼荳曰醬瓣荳總曰小荳曰粟曰穗穄曰芝麻類亦不一

附駱問禮百穀論楊泉物理論曰粱者黍稷之總名稻者溉種之總名菽者衆荳之總名三穀各二十種為六十疏果之實助穀各二十凡為百穀故詩曰播厥百穀者穀種衆種之

大名也凡經傳所稱十百千萬皆總其大槩不必的有此數則此所謂二十者亦舉其成數耳然觀此亦可得百穀之大端而周禮曰三農生九穀職方氏所掌亦言九穀而其在九州惟豫州言宜五種而於青州言宜稻麥不聞有所謂九也豈九亦槩言之謂耶今之言五穀者大抵曰稻黍稷麥菽則麥豈別一種耶抑總在粱之內與黍稷同耶此皆無關大體不必瑣瑣者然辨物者不嫌於詳而亦不可固今吾揚州於穀無所不有而職方所辨惟曰宜稻他可知矣

駱問禮刈麥二首

刈麥處山磷磷主人喜童僕馴隴麥稔山雉鳴相雉食麥人不驚未輸稅且種豆土美不嫌黄牯瘦莫待時移風雨驟又刈麥處溪悠悠主人喜童僕休隴麥稔溪魚肥以魚配麥時正宜既薦寢隨招客醉後兒童重列席風流不數王侯宅

邑令朱宸咏蠶豆

桑葉青青蠶子寒豆花香露足朝餐知君清味清於我不與膏

梁共一拌

〔邑人余懋棅詠蠶豆〕蠶事正倉忙，千畦莢漸長。色隨桑共沃，根與麥分行。莫惜滋田力，先宜供客嘗。兩餘籬落下，剝去泛鵝黃。

蔬之屬

〔隆慶駱志〕曰白菜，曰芥菜，曰油菜，曰莧菜，曰生菜，曰蘿蔔菜，曰晚菜，曰萵苣菜，曰甜菜，曰蒲蘆，曰黄瓜，曰冬瓜，曰菜瓜，曰絲瓜，曰茄，曰芋，曰薑，曰蕨，曰葵，曰筍，其葷曰葱，曰韭，曰蒜，曰薤。

〔章志〕曰西瓜，曰南瓜。

謹按述異記吴桓王時會稽有五色瓜即南瓜實慶會稽續志越瓜大者色正白越人當果食之去煩熱解酒毒即西瓜

果之屬

隆慶縣志曰栗曰梅曰杏曰李曰櫻桃曰梨曰桃曰枇杷曰花紅曰柹曰榧曰橘曰石榴曰白果曰棗曰曰橙曰香圓曰楊梅曰葡萄曰菱曰藕曰蓮實曰芡曰蓮心曰荸薺曰慈菰曰甜瓜

章志曰蕉曰糖蔗曰核桃

圖經諸暨出如拳之栗王十朋會稽賦諸暨三如之一熊攸齋漫錄

政和中詔本州貢焉栗固大於他州然如拳者終不可得

〔嘉泰會稽志〕諸曁井亭李

〔萬歷紹興府志〕諸曁烏石鷹觜桃

〔萬歷紹興府志〕諸曁九熟棗

木之屬

〔隆慶骼志〕曰松曰栢曰榆曰栁曰桐曰梓曰杉曰朴曰楓曰檀曰椐曰槐曰桑曰柘曰櫧曰楝曰椈曰冬青曰皁莢曰白楊曰櫻

圖經諸暨出如錦之桑諸暨三如之一會稽風俗賦檿桑之奇號為第一注吳錄大康地記並曰諸暨境上諸山出第一檿桑文采如博碁方正駢次有如畫作可為屐緉上品者一兩至數十萬

萬歷紹興府志櫧越中在在有之土人多用以作器

戴仲溫諸暨縣記山上多櫧木俗謂之櫧山

附駱問禮松栢檜辨松之身鱗甲盤剝其葉或二針或三針有五針者其脂入地為茯苓琥珀栢身則非若松之有鱗矣其葉則或圓或匾或刺或下垂如纓自與松不同檜則身微似松而鱗微薄葉如刺栢而更尖硬故人亦呼檜尖近見士大夫多呼栢為檜亦有呼栢為松者

物之易見者尚然況其他哉此君子所以貴格物也

邑人陳于朝山中詩 高枕空山裏松風夜半鳴似風還似雨終夜不分明

草之屬

隆慶駱志 曰苧麻曰絡麻曰葛曰木綿曰茅曰蘆曰青曰藻曰萍曰菖曰荇曰蓼曰細辛曰半夏曰艾曰茯苓曰百節曰席草曰菖蒲曰老少年曰萬年青

章志 曰葛曰門冬曰靈芝曰吉祥草

圖經 諸暨出如絲之麻諸暨三如之一

宏治紹興府志莎草臺也可織蓑諸暨泌湖多有之

宏治紹興府志諸暨縣隴山産細辛

圖經諸暨石鼓山多黄精

花之屬

隆慶駱志曰梅曰李曰杏曰桃曰槿曰桂曰杜鵑曰牡丹曰紫荆曰海棠曰棣曰薔薇曰繡毬曰山茶曰木芙蓉曰芭蕉曰芍藥曰水仙曰山丹曰葵曰萱曰金錢曰玉簪曰雞冠曰鳳仙曰龍爪曰午時曰錦茄曰西陽曰菊曰荷

章志曰蕙曰蘭曰玉蘭

袁宏道遊五洩記山中映山紅有高七八尺者與他山絕異

邑人余縉春日憶千溪十里梅夾道踈香雪滿林寒溪十里貯雲深閒来道服翩然往樂與幽人仔細尋避世何嘗期物外會心應已在花陰相憐末俗希清賞獨向蒼崖作遠吟

又冬日憶吾邑梅花行過楓川到鐵崖千溪十里尋梅花先賢漫許山陰道爭似寒香竹屋家

邑令朱扆永壽寺看牡丹後山如屏前作案中間一線江流慢寺外春波

去不田寺裏春花開歷亂桃花李花應無數洛陽
仙種推獨步錦裙翠袖舞掌中十八風姨不敢妬
我来訪僧兼訪花僧能爱酒兼爱茶残尊更移傍
花坐去雲留月伴紅紗寒食已過春欲老蝶粉蜂
黄争昏曉特勑花王擅富貴世人安得不傾倒白
頭老僧殊可怪一枝折供佛前拜有香有色兩不
空情多怕
受如来戒

竹之屬

隆慶駱志曰茅竹曰結竹曰淡竹曰石竹曰筍竹

駱問禮看竹詩志量三槐遠風流五柳陳呼醪澆
午憂把菊攬秋雲獨行無知己煩
言不動人倚欄看
竹箭落籜已成筠

石之屬

隆慶駱志曰紫石英曰白石英曰仙姑石曰紋石

元和郡志紫石英諸暨縣烏帶山出

浙江通志諸暨又有水石英在水中一頭微著石採取必於露未乾時

浙江通志諸暨縣城東聖姑殿前流泉清溜能結浮石

正德諸暨縣志實珠山有細石其圓如珠名寶珠石

浙江通志諸暨鷄冠山產奇石名茶上石

宏治紹興府志諸暨出文石有花紋與欝林同出碑

石甚細可作碑不下湖州

羽蟲之屬

〔隆慶駱志〕曰雞曰鵞曰鴨曰燕曰鳩曰鴿曰鵲曰雀曰鷹曰鶚曰鶯曰鸛曰雉曰梟曰鳶曰鴉曰畫眉曰噪天曰青鵂曰鷺鷥曰百舌曰姑惡曰鴛鴦曰鸊鷉曰鬼車曰鸂鶒曰鷓

〔章志〕曰鵂鶹曰黄頭曰竹鷄

〔萬歷紹興府志〕吐綬生太白山狀如鷄文彩五色口吐綠綬長數尺古今注吐綬鳥曰錦囊唐劉禹錫

詩越山有鳥形寥廓嗉中吐綬光若若宋李昜詩昔人仙去斷丹梯憔悴深山吐綬鷄百囀和鳴非我事漫將錦服擅幽棲

毛蟲之屬

［隆慶駱志］曰牛曰馬曰猪曰羊曰驢曰騾曰狗曰猫曰獺曰貛曰虎曰鹿曰獐曰麂曰兎曰豺曰狸曰野猪曰猴曰猿曰竹狗曰蝙蝠曰鼠

［嘉泰會稽志］中州烰潼取酥酪以雍酥爲冠今南方亦皆作而會稽爲佳會稽諸邑又推諸暨爲冠晋

王武丁掊羊酪示陸士衡云卿江東何以敵此殽
當時南方未有酪也
鱗蟲之屬
〔隆慶駱志〕曰鯉魚曰鯽魚曰鱙魚曰鰱魚曰鯖魚曰
鱭魚曰烏鯉魚曰蛇
〔宏治紹興府志〕鱖魚越中間有惟浦陽江為多
〔萬歷紹興府志〕鱅亦作鰫上林賦注似鰱而黑鰱一
名鱮弱鱗而色白北土謂之白鱮今越人呼白鱗
者為白鰱赤鱗者為紅鰱六韜曰緡隆餌重則嘉

魚食之緡調餌芳則庸魚食之鱅庸魚也魚之不美者山會諸暨以南大家多鑿池養魚爲業每春初九江有販魚秧者買放池中輒以萬計方爲魚秧時飼以粉稍大飼以糟糠久則飼以草明年賣以輸田賦至數十百緡其間多鱅鰱及鯉鯇青魚而已俗謂鰱食諸魚矢池養鰱水乃潔池有數十畝者旁或築亭榭臨之水光浩渺鷗鷺鵁鶄之屬自至植以蓮芡菰蒲拒霜如圖畫然過者爲之躊躇貨殖傳曰水居千石魚陂謂此也

介蟲之屬
隆慶駱志曰龜曰鼈曰蠏曰蝦曰蚌曰絲螺曰田螺
蜾蟲之屬
隆慶駱志曰蠶曰蝦蟇曰蜘蛛曰蚯蚓曰蟮魚曰鰍
魚曰鰻魚曰鮎魚曰蜈蚣曰百節曰蟬曰蛙曰蜷
蟀曰蝴蝶曰蜻蜓曰螳螂曰蜂
萬歷紹興府志蛤蚧蛙屬或名丰蛤諸曁山谷間皆
有之長四五寸尾與身等形如守宮一雄一雌常
自呼其名最惜護其尾或見人欲取之多自齧斷

其尾首如蝦蟆背有細鱗如蠶子土黃色捕者必以月之上寅日不則往往藏穴中不出

邑人楊維禎祀蠶姑火龍詞

余嘗論蠶有六德衣被天下生靈仁也食其食死其死以答主恩義也身不辭湯火之阨忠也必三眠三起而熟信也象物以成繭色必尚黃素智也繭而蛹蛹而蛾蛾復卵而繭神也此六德也人靈為螺蟲之長食君之食衣君之衣乃有腹生靈之膏賣君父之國卒不得其死者其不愧火龍乎因賦火龍詞四章補樂府之缺

火之龍兮雲弗從雨弗降三眠始三眠終

火之龍兮桑以穀絲以腹繭以屋象水火兮以金以玉

火之龍兮蛹以蛾蛾以卵卵復化龍之神兮實多惟龍之神兮有大功於人又殺身以成仁狥道而忠益信

火之龍兮其節甚高彼縻爵者誰兮生寵死則逃剝民之膏粥人之國而死與判鬼曹火龍德德

可褒

〈邑人余縉蜂記〉余祖居村落各以養蜂為事少時亦曾畜此非嗜其利盖善此蟲之有倫理也因偶書其異於右　凡蜂遇分處之後先製蠟蠟成輒生子子長然後採花釀蜜其次第截然不紊方製蠟時每片有管下垂中有較衆管長半寸許者謂之王管盖蜂王生子之管也一片中少則一二多則四五皆豫設以待子王之産育土人每伺蠟成即舉乾蒿爇火以燭之羣蜂畏烟氣輒從避由是以竹篾鋭其首凡王管多者刺去之止存其一則支分者不多而新蜂繁盛採釀必多及分封之日新蜂欲隨新王出必先期探定遷集之所演習飛繞數日乃出或於樹枝或於屋室從役迅疾圍擁其王終不令人得見善畜者即刻舉罷引納則從者不散少遲則四出採辦者回覓故處已失其主皆相鬬齧而死無一得生者間有還復祖封處老蜂輒噬殺之或殹其私竄悖主云

又有飛蟲名蜜虎者巨翅長舌狀如蛺蝶每至蜂蠮處即咂食其蜜蜂羣聚齧之則鼓其翅通體纖粉著蠮即成綿蟲一時耗蠹蜜蠮皆盡故羣蜂畏之如虎其初入也任其飽餐既而果腹不能去卒復為羣蜂所食頗似婪吏嚼民終為寃家仇恨所斃者至於蟢子蜘蛛之屬亦頗為害凡護視者宜悉去之凡色黄者為雄主採運外出黑者為雌主生育釀蜜有中饋之意焉與男子經營四方婦女烹飪紡織之義畧同野史氏曰吾觀於蜂而知君臣之分夫婦之別蓋不止人類為然也每製蠮必備王管者幸吾君之有子也分封已定生死從王者纏綣維公義罔返顧之節也異類侵蝕卒圖殄滅者毁家紓難以身殉國之烈也外者擲拾内者佐理風雨晨昏不辭勞瘁者男女正位唱隨雝睦之風也以區區物類而倫序天性若此安可不表而出之乎又分封各有序次若先分者處右後分者處左則後分者輒復颺去是長幼之序不爽也四時芳卉羣遊衆處不相猜犯聲氣應求緩急相

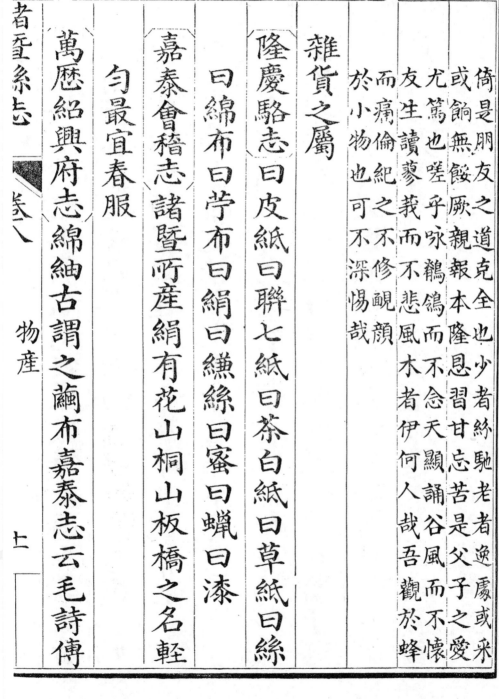

倚是朋友之道克全也少者紛馳老者逸處或采或餉無餒厥親報本隆恩習甘忘苦是父子之愛尤篤也嗟乎咏鶺鴒而不念天顯誦谷風而不懷友生讀蓼莪而不悲風木者伊何人哉吾觀於蜂而痛倫紀之不修靦顔於小物也可不深惕哉

雜貨之屬

隆慶駱志曰皮紙曰聯七紙曰茶白紙曰草紙曰絲曰綿布曰苧布曰絹曰纖絲曰蠶曰蠟曰漆

嘉泰會稽志諸暨所産絹有花山桐山板橋之名輕勻最宜春服

萬曆紹興府志綿紬古謂之繭布嘉泰志云毛詩傳

袍襽也禮記玉藻纊爲繭左氏傳重繭衣裘註皆謂新綿今諸暨之俗絍緝繭緒纖如絲縷織之成匹狀似絁而密縝過之雖名爲布其實帛也

嘉泰會稽志苧之精者本出苧蘿山下有西子浣紗石盖俗所謂苧蘿者於此浣之以故越苧爲得名

宏治紹興府志苧布惟諸暨最精相傳以爲西子遺習其種有腰機兼絲西洋生苧熟苧之别

萬歷紹興府志山梭布一名皺布嘉泰志云頗有名亦出於諸暨宏治紹興府志以麻爲之諸暨靈泉

鄉產者精好纖密如羅湫之以水輒成縠紋

萬歷紹興府志諸暨斗子巖無草木多蜜

剡錄越產之擅名者諸暨石筧嶺茶浙江通志志茶者多尚名貴茶經而後著錄者多矣今諸暨各地所產茗葉質厚味重用對乳茶最良每年採辦入京歲銷最盛

諸暨縣志卷九

風俗

風者天氣有寒煖地形有險易水泉有美惡草木有剛柔也俗者含血之類像之而生故言語歌謳異聲鼓舞動作殊形或直或邪或善或淫也漢應劭著風俗通義其序而疏之也如此古者天子命太師陳詩以觀民風俗十五國風皆風俗書也周以歲八月遣輶軒之使求異代方言還奏籍之藏於秘室爾雅釋詁釋言皆風俗註也傳曰百里不

同風千里不同俗一邑雖小可以覘大志風俗

士

方輿勝覽民性敏柔而慧

商輅諸暨學記山川清淑士生其間偉然秀出

浙江通志諸暨科第不爲盛而間出一二人輒能侃侃自持

嘉泰會稽志民勤儉好學篤志尊師擇友弦誦比屋相聞

紹興府志諸暨詩文派自楊王後不乏人又山林之

遺逸各以詩文名其家其行業為後生典型雖鄙暴者亦所尊禮

紹興府志鄉之長老多厚重恥言人過失子弟稍縱恣輒以規矩繩之

紹興府志其士進率砥礪名節能建立

紹興府志邑試童子時倍力為詐巧用居前爭先

謹按此弊吾暨凡同學者須切戒之昔陸象山為朱子門人講喻義喻利一章門人有泣下者亦只是說到科舉一途耳今人犯此者頗多一經點破便似欲覺聞晨鐘令人發深省

農

浙江通志民性質直而近古好鬬而易解力穡不事浮費

蕭鳴鳳廳事記諸暨地阻而俗美田於湖山之間灌溲甚艱故歲無常稔

邑人余縉田叟行余生垂髫時父老相告語云汝生也晚不見古人侶五里有老人婁鬢白如楮長耘不裹頭一布敝寒暑革履歲加繕帽韜高尺許生平所珍愛犢如兒女飯後樵山椒醉来漁湖渚常憎衣冠人何事勞如圉相見惟依依長幼常爾汝距邑一舍許未嘗詣其所高談藐貴官酷畏吏與胥偶聞追呼聲鍵户汗如雨屏息俟其去徐徐呼徒旅叮嚀子弟行及早完公糈毋致此惡儔復噪吾村墅歲晏共羣兒嬉遊樂春徂往還不遠廬客至惟雞黍坐卧桑柘陰倚

杖有常處社飲或嘩喧頽然無所阻喃喃只桑麻扶歸恒秉炬此時隆萬間長吏希痒瘝落花滿訟庭倉廩多宿黍明府恥受錢農家飽肥羜野叟挈童孫不知誰賜予吁嗟光熹後蒼黔盈禁圄唯工謀繭絲誰為嘆機杼歌此田叟行白石其可煮

紹興府志 黠佃逋主者之租又從而駕禍以脅之

邑人余懋棅觀穫 人生衣食資稼穡爲之首有田不能耕播種付甿叟暑雨固彼勞予奪亦在手今年旱太甚桔槔疲童婦至秋辛有成黄雲徧郊藪貧得乃無厭荒年不去口膏腴成瘠壤頻粟化稂莠艾銍尚在腰先来論升斗滿村語雜沓攘臂聲如吼作苦殊可憫風俗殊傷厚但祈歲屢豐一飽吾何有

工商

紹興府志有陂池灌溉之利絲布魚鹽之饒其商賈工作皆習簡樸不事華麗 太爺

冠

隆慶駱志冠不多賓不三加

婚

隆慶駱志婚亦論財厚聘厚嫁又有不納聘財而反遺之以銀幣名回盤者及成婚慶節饋遺無筭每爲家計累故多溺女然亦有得壻家利益者終不以爲勸也

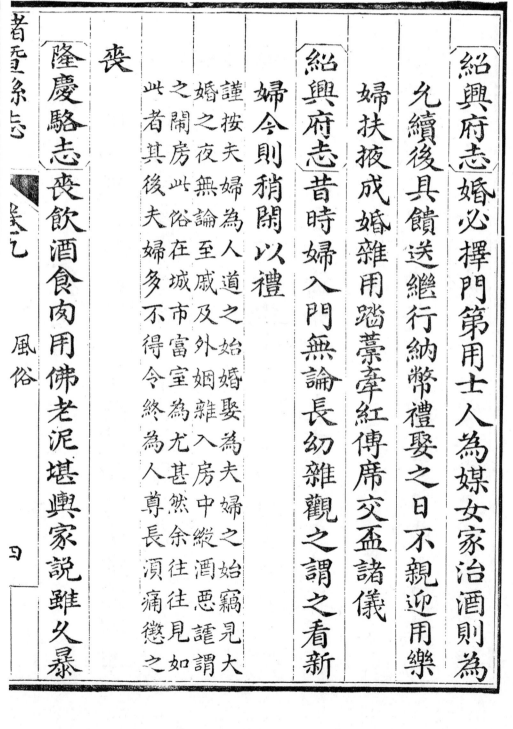

紹興府志婚必擇門第用士人爲媒女家治酒則爲允續後具饋送繼行納幣禮娶之日不親迎用樂婦扶掖成婚雜用踏藁牽紅傳席交盃諸儀

紹興府志昔時婦入門無論長幼雜觀之謂之看新婦今則稍閑以禮

謹按夫婦爲人道之始婚娶爲夫婦之始竊見大婚之夜無論至戚及外姻雜入房中縱酒惡謔謂之鬧房此俗在城市富室爲尤甚然余往往見如此者其後夫婦多不得令終爲人尊長須痛懲之

喪

隆慶駱志喪飲酒食肉用佛老泥堪輿家說雖久暴

露弗惜閒有遵禮制者共非笑之

〔紹興府志〕喪大率用文公家禮惟不行小歛不用布絞其壙塋多砌磚為槨家饒者乃以石

祭

〔隆慶駱志〕祭薦備獻禮者數家屈指可盡其貧家惟存墓祭而已祈禱佛老巫史不一而足近又有演戲者蓋以人道事神也

〔紹興府志〕祭以四時或以四仲分至日或元旦端陽重陽冬至世家咸遵文公禮小户止列羹飯香燭

家長一人口請祖先而已忌日必素服祭終身不
廢清明有墓祭

元旦

〔隆慶駱志〕元旦早起掛門神换桃符然後潔衣冠備
酒果香燭拜天地次寢廟遍拜諸尊長明日以次
及諸親友必酒食而後罷

謹按暨俗元旦不掃地不拾雞卵謂一日為
雞也謂五日為虚六日為耗禁鑼鼓屏乞丐

元宵

〔隆慶駱志〕元夕食粉圓必先薦遺剪綵紙為燈各神

廟尤盛諸少年爲大管之屬隨燈所賽勝至夜分不休女子出觀燈名過橋謂可免一歲疾厄城中尤甚官司禁之不止

謹按暨俗有龍燈首尾爲龍形鱗爪畢具其中翹裝聯絡綴以人物故事燈多者至三四百許一望輝煌雜以鑼鼓旗幟甚盛

清明

〈隆慶駱志〉清明插柳展墓士女湍郊不以爲嫌

謹按暨俗墓祭乃男子事士女湍郊近亦無之第丁多者祭畢致胙宰殺不無太過也

端午

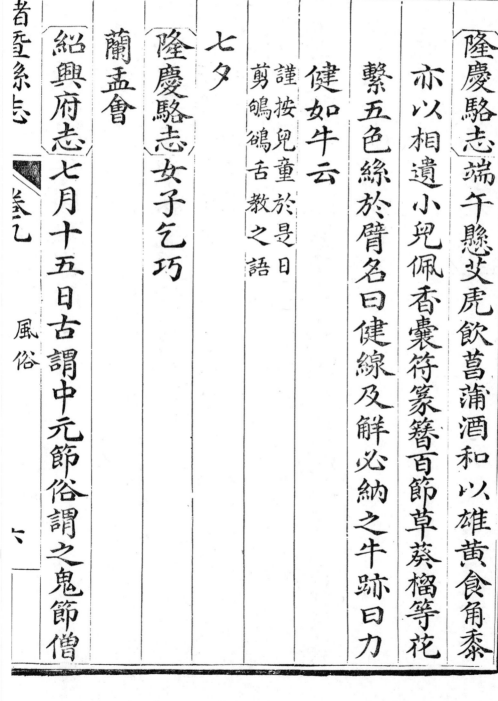

隆慶駱志端午懸艾虎飲菖蒲酒和以雄黄食角黍亦以相遺小兒佩香囊符篆簪百節草葵榴等花繫五色絲於臂名曰健線及觧必納之牛跡曰力健如牛云

謹按兒童於是日剪鴝鵒舌教之語

七夕

隆慶駱志女子乞巧

蘭盂會

紹興府志七月十五日古謂中元節俗謂之鬼節僧

舍營齋供閭里作蘭盂會

中秋

【紹興府志】中秋夜置酒玩月

謹按暨俗中秋與端節並重

九日

【隆慶駱志】重陽男子登高飲茱萸酒必配以荳莢各

名山歌笑競逐

長至

【隆慶駱志】冬夏至必祭奠其先人及親友之在殯者

夏至以麪餌冬至以餈亦以相遺

謹按暨俗冬至亦墓祭略與清明相似

臘月

紹興府志十二月二十四日俗謂之臘月念四人家以是夜祀竈自是各拂塵換桃符門神春勝春帖并帖鍾馗圖其諸過歲品物不論貧富各經營預辦堦坊鼓吹之聲從此鏗鍧相和親戚互爲歲餽酒擔食榼相望於道路

隆慶駱志臘月以豕爲牲召巫祀之曰作年福畢以

果物佐牲體相遺饋歲幾終拂屋上塵修垣宇備
酒果爲新年客備夜放火炮以避鬼魅

除夕

紹興府志除夕自過午即洒掃堂室懸祖先像向暮
聚雜柴爇于庭古謂之火山今日笙盆光燄燭天
然紙炮以代爆竹遠近膈膊之聲相聞不絶設祀
曰送神已乃闔門集少長歡飲曰分歲有終夜圍
爐齋坐者曰守歲

隆慶駱志除夕各家集大小飲食曰分歲歲畢圍爐

守歲鼓砲之聲遠近相接夜半就寢乃以是夕夢寐卜一歲休咎忌諱者至徹夜不睡謹按唐太宗有守歲詩冬盡今宵促年開明日長孟浩然詩守歲接清筵杜甫詩守歲阿戎家則知除夜守歲唐時風俗已然近者知縣朱昕陶宸乙酉元日詩爆竹聲聲歲已分其自注云暨人謂守歲為分歲然則分歲云者蓋暨俗方言也

俗之義者

余縉風俗記古俗之迥殊乎今者民自輸兩稅外惟盡力南畝居城市者士雅商慤男愿女悾無澆凌詬誶之習出見長吏鹵簿拱手立道左伺車騎過

畢始敢徐行無傲睨馳躍背道衝突之狀燕居言論無指斥諱字訐發陰私之語即政偶失平法有未當未嘗飾情妄控恣行詆詬之辱又予幼時聞諸長年里中有八十餘歲足跡不履城市見里胥催科輒戰栗失色一布衾罈笠三十年不更製者其淳樸至此里塾中聞子衿則敬慕如公卿良田數十頃不敢衣帛裹幘食肉有艷服時粧者比戶非議之華髮者納稺齒拜不為禮簿尉以公事行部則遠近少長趨伏屏息不敢仰視隣里相角遇

長者一言輙降心釋忿諸美俗不可勝記

俗之惡者

紹興府志諸暨巖邑民頗好訟所争毫末至累歲不休村居自爲黨豪宗武斷

隆慶駱志諸暨叢山廣川故民之生剛矣而近悍柔矣而實悍

隆慶駱志三朝國史稱奢靡而無積聚今則生齒日繁大率皆稱窘迫語其靡然同風者吉凶之事雜用巫史婦女競華飾至擬王家男子好利尚氣不

肯下人而及為賓客則局促似無所措手足飲酒無筭爵客多飲主人以為樂或有以勸酬不行而成忿恚者

袁宏道諸暨縣詩 近水多魚稻依山即市廛野人朝閉戶溪女夜牽船俗健惟貪訟田寬務積錢僻居游轍少客到也喧傳

丐户

紹興府志 人身有瘤俗亦有之俗之瘤則有丐丐以户稱不知其所始相傳為宋罪俘之遺故擯之名墮民 丐自言則曰宋將焦光瓚部落以叛宋投金故被斥 其內外率習汚賤

無賴男子每侯婚喪家或正旦則羣索酒食婦則習媒或伴良家新娶婦人為婦貿便見竊攘尤善為流言亂是非間人骨肉四民中居業不得占彼所業民亦絕不冒之男業捕蛙賣錫拗竹燈檠編機扣塑土牛土偶打野胡方言跳鬼女則為人家拗鬏髻梳髮為髢群走市巷兼便所就四民中所籍彼不得籍彼所籍民亦絕不入籍曰丐户即有産不充粮里長亦禁其充四民中即所常服彼亦不得服彼所服盖四民向號曰是出於官特用以辱且別之者也舊志謂以狗頭裙以横布不長衫扁其門以丐而籍與業至今不亂服則稍僭而亂矣具詳載丐別賤録以民擯已若是甚也亦競盟其黨以相訟僥必勝

於民官茲土者知之則右民偶不及知則亦時左民民恥之務以所沿之俗聞必右而後已於是丐之盟其黨以求右民者滋益甚故曰丐者俗之瘤也雖然瘤卒自外於常膚也則瘤之也亦宜苟瘤者肯自咎曰我今且受藥且圖自化爲常膚烏用必瘤而决之哉經不云乎人而不仁疾之已甚亂也

政教 附

明知縣劉光復務本論 國無本不立人無本必絀國

之本兆民是也人之本耕農是也故重農之國不
索民力農之家不愁匱漢文帝躬行節儉導民以
農遂致紅腐之蓄唐太宗輕徭薄賦不奪民時卒
有斗米數錢之效是明王圖治莫先厚農也糞鉄
耨餉而来凶季之舉龎公耕耘而致劉表之敬是
賢豪皆服農而有識者不鄙農也徐穉自食匡衡
傭耕就讀士君子不必羞農也子儀自耕百畝武
侯躬耕隆中則有大抱負樹勲業者亦不棄農也
何獨今之世五尺嬰兒三五成羣輙高擬趙孟富

貴艷慕王謝聲華謔諧唾罵以農夫指叱及謝出師塾則巧作閒遊盛服而逞風流不則舞筆尖弄秤尺又不則寧持鉢倚市枵腹不肯濡手足者比比父兄亦以俗固然耳不甚強之吾聞一夫不耕或授之飢一女不織或授之寒今天下之織且耕者寧幾飢寒迫而欲不羣趨為奸難矣救焚拯溺惟有辨本末率歸之隴畝耳且農兼百利而最善者五父兄妻子相保聚晨昏無缺一善也出作入息安然就寢無虞險溺二善也置身畎畝不聞外

事鮮寵辱是非之驚三善也具知生物之艱心志就寔弗爲靡費四善也脛骨勞習一旦荒乏猶能自食其力不至頓仆五善也故士非農何以資讀工非農何以轉輸凡人之所以爲生與所以報所生胥此粒食耳一彼一此本末昭然故上不導本而能足之民民不務本而能贍生者皆未之有也

明知縣劉光復崇儉論

試觀今之天下邑里困虁耗匱未有甚于此時者也其居飾服御晏遊之盛亦未有過於此時者也樓臺擬宫闕飲饌備珎奇飾

必巧新麗必古異富者日競月熾貧者轉相視效始則竭蹶繼則稱貸又繼則徼非望以塞掩不足矣世之甘心淟涊鮮自振拔者不過圖縱意適觀以駭里兒嗟哉愚至此乎徒耀無知之目而何以令識者見也亦弗思而已或者俗稱備物為禮簡闕為陋若之何能儉是不然制節謹度之謂禮率由舊章之謂禮今人豪誇僭訕相加而以酒肉饋遺餌客禮亦在乎棄四典降奉一身時所尚正禮所棄若夫卑宮菲惡聖訓昭然是儉者禮之本也

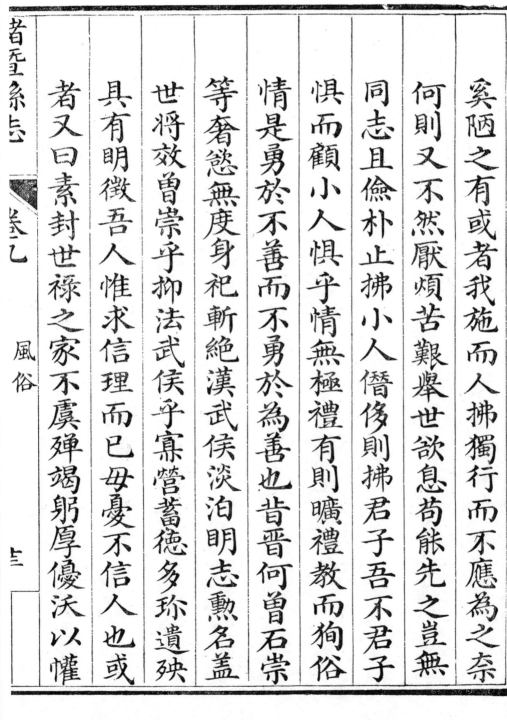

奚陋之有或者我施而人拂獨行而不應爲之柰
何則又不然厭煩苦艱舉世欲息苟能先之豈無
同志且儉朴止拂小人僭侈則拂君子吾不君子
惧而顧小人惧乎情無極禮有則曠禮教而狥俗
情是勇於不善而不勇於爲善也昔晉何曾石崇
等奢懿無度身祀斬絶漢武侯淡泊明志勲名蓋
世將效曾崇乎抑法武侯乎寡營蓄德多珍遺殃
具有明徵吾人惟求信理而已毋憂不信人也或
者又曰素封世禄之家不虞殫竭躬厚優沃以懽

賓士亦無不可是又有說孔子曰以與爾隣里鄉黨盈餘勿吝則如范文公贍養宗族可也何必多殺而供醉飽為況華靡易溺一倡群習流而不返誰則尸之嘗聞先正云吾無益鄉黨不敢恣情為鄉黨作俑誠有味乎言哉上智不移於人下愚不能自移彼謂從俗乃可烏用釐正此賊世之言非有道所聽也

明知縣劉光復諭行四禮 按冠禮之不行有謂無益者亦有惜費者然先儒定家禮而首此篇豈無精

意蓋人多自幼戲豫成習長猶不覺冠時見之祖廟臨之耆碩授之祝詞遍拜先生長者儆之也昻之也政以成之也今人女嫁將笄猶必盛設名姑娣姆姒備禮致祝至於男子何獨不然若貧家不能延賓則請隣近長老并諸族長行禮於庭一茶告別亦不失存羊之意

按今時婚嫁皆以為重事然古之重重在承先故以合禮為貴今之重重在誇俗故以多儀為尚豈知極盛難繼而偶缺又易名嫌以致婚媾仇讐骨

內參商皆言利實始之況豐奩厚資驕婦逸子古有明訓試觀富貴子弟奄忽墜落者非必運祚衰良由貽謀淺也孰若擇德以諧緣古為稽禮取備而不必多情求通而不必濃專談財帛者絕弗與婚如此則婚嫁庶不苦難失時風俗人心亦有大益若賴婚改盟者國法昭然不復具論

按親喪何等時也此身恨不從親地下而遑恤其他故禮有護喪司書執事諸人不忍淆雜孝子懼傷其心也今人喪事極華競妍猶如賽會親方臨

危此心惟慮陸水諸珎有未備而誰注精於湯藥及親已捐舘此心惟恐戚里故人有間言而誰遑望乎音容樂聲與泣聲並奏哀服與優服雜陳揆之於禮可乎不可乎質之於心安乎不安乎彼謂禮是而勢難行者則亦未自盡其心耳果能顔色戚乎哭泣哀乎咽水漿而據苫次乎無論愚智見之方愧慼不暇而暇與較飲食乎故曰親喪在所自盡不可以他求者若飲酒茹暈喪次而以蔬食食客如之何其能行也

按禮有月祭時祭歲祭先王慮情之無已而節之也夫踰數時而設一祭亦宜積數時之誠敬自致於一旦乃有詰朝告虔耳恣酣歌於午夜堂前樂作憚離輕暖於帳中即陳設拜奠聊以了故事而水源木本懇懇勤思者似不多得矣豈知延一嘉客猶須積誠數日況祖先乎人情慢我亦知慍怒獨欺鬼神爲無靈乎故愚謂失時不祭者猶坐視父母之餒而弗供膳也祭不盡誠者猶呼父母與食而戲侮之也

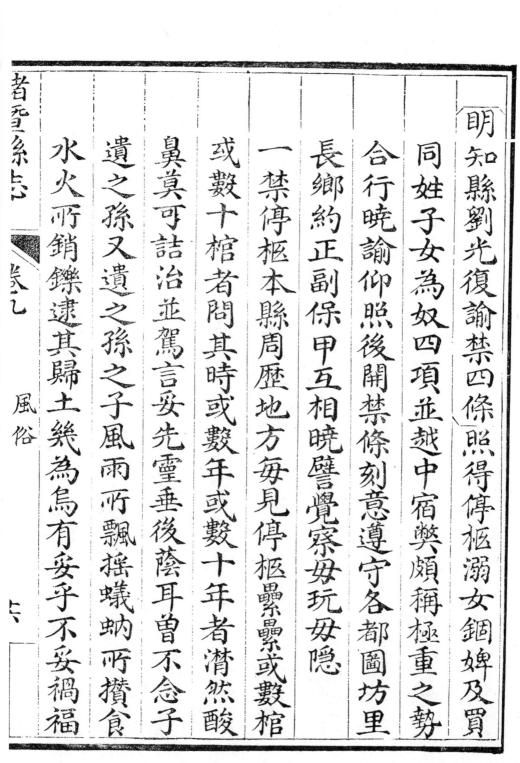

明知縣劉光復諭禁四條照得停柩溺女錮婢及買同姓子女為奴四項並越中宿弊頗稱極重之勢合行曉諭仰照後開禁條刻意遵守各都圖坊里長鄉約正副保甲互相曉譬覺察毋玩毋隱

一禁停柩本縣周歷地方每見停柩纍纍或數棺或數十棺者問其時或數年或數十年者潸然酸鼻莫可詰治並駕言妥先靈垂後蔭耳曾不念子遺之孫又遺之孫之子風雨所飄摇蟻蚋所攢食水火所銷鑠逮其歸土幾為烏有妥乎不妥禍福

惟子孫自造蓋棺枯骨豈堪為餌假令由今之道而得福安乎不安今告爾曰髡爾毛髮折爾手足可為子孫求福為乎不為既不為而取先人之遺骸為之忍乎不忍古者惟建都立邑望其形勝正其方面絕不聞葬法之說葬法自郭璞始然璞身首異處覆宗滅族其法安在千百年下猶惑其不驗之術迷謬甚矣先賢如周程朱張多精明地理及葬其先惟序昭穆忌五不葬耳彼豈無子孫之謀惟深見其術之妄而不屑為也後人雖百倍聰

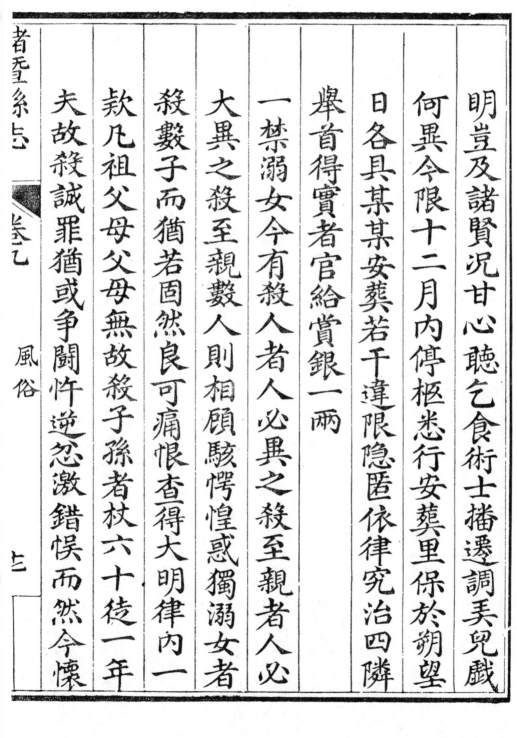

明豈及諸賢況甘心聽乞食術士播遷調美兒戲何異今限十二月内停柩悉行安葬里保於朔望日各具某某安葬若干違限隱匿依律究治四隣舉首得實者官給賞銀一兩

一禁溺女今有殺人者人必異之殺至親者人必大異之殺至親數人則相顧駭愕惶惑獨溺女者殺數子而猶若固然良可痛恨查得大明律内一款凡祖父母父母無故殺子孫者杖六十徒一年夫故殺誠罪猶或爭鬬忤逆忿激錯悮而然今懷

姙時先設謀積慮一見為女立置死地殘忍百倍故敘矣悲夫悲夫一草一木皆有生命女非人與胡為罹此凶毒究厥所由祇為他日奩資之難稍不豐美則為姑嫜詬厲嗟嗟愚至此乎一女可五十金也即有二女胡不分以與之即再三四女胡不再分以與之苟逆惜財而殺女甚至殺數女為一女之嫁資於汝安乎明義訓女擇德門以配豈計吾資縱有計者聊且聽之必不至殺我女而假手於親暨俗簡朴有古風何獨婚嫁以靡財故遂

致殺人令後嫁女者雖極富貴不得過五十金違者許諸人另發究治里保於朔望日各具某某舉女若干故犯者犯夫坐故殺律究罪犯婦俟彌月另提并提收生婆及兩隣不舉首者一并責治

一禁錮婢男室女嫁良賤同情暨俗一為使女終身禁錮不復見天日有自幼髮而老嫗未識夫家者或私于外或私于僕不覊跡相隨則竊負而逃抱醜搆釁時時不乏或私于主則妻必百計拷掠立成人彘稍從寬假妯娌詈笑每先以箠楚熨剪

設計預防其懸梁之鬼入井之魂杖下之尸慘切有不忍言者嗟乎婢本託體為人我必斷其匹配之情禁其生續之路傷和損德無復人道遂至此極乎夫我有使女我自主持或嫁别姓養子另求小婢或配本家義僕仍留使役有何不便乃蔽於惡俗制於悍妻統為丈夫之所羞矣今限十二月内凡使女十八歲以上者悉行婚配里保于朔望日各具某某已配使女若干敢有托言無偶揑稱年幼仍前不悛者無問巨室深閨定行嚴究罪坐

夫男隣里舉首得實者官給賞銀二兩

一禁買同宗子女為奴族必有系以別昭穆序世次即起居稱謂閒毫不可假借非獨天理之至抑亦人情之安也暨俗買同宗子女者居然隷於厮役而麾斥之殊可駭愕夫僕曰義男婢曰義女果我父輩而我男女之則無父矣祖輩而我男女之則無祖矣能免鞭朴唾詈乎以是而加於祖父輩其寧可言乎婚配之後其妻則諸母諸祖母也不則嫂氏也即屬卑幼則亦弟姪婦也入幃幙侍巾

櫛别嫌明微之道安在請自思之能不心愧乎其在室人則役使其姑嫜或其妯娌也遞降而子若孫世愈遠而悖愈甚干名犯義不幾永去人倫乎人之異於禽獸者謂何去而人倫甘同異類豈清世所宜見哉且以買同姓者而買異姓之子於事甚便於情甚安何為茍且一時蹈累世之愆自後敢有仍前買同宗人子女者定以乖分究辦首得寔追價給賞子女歸宗里保於朔望日各具不得詎同買賣結狀居民能仗義或遣歸或令贖回者

里保不時呈鳴本縣得破格旌奬

國朝

知縣沈椿齡告示二通照得上元佳節居民張綵懸

燈稱慶

昇平俗所不廢若婦女則宜深居閨閫以別內外而

本縣衙署為辦公之所關防尤嚴乃聞暨邑舊習

每遇燈夜城鄉婦女無分老幼相率入廟遊街男

女雜沓少年惡棍乘機滋事難以枚舉更有逕進

內署徹夜喧閬視同康衢燈市者殊屬惡習歷前

各任並未飭禁相沿至今本縣涖治即經出示嚴禁在案玆屆燈節誠恐復蹈故轍再行剴切曉諭凡爾婦女其在城者各就家門觀玩在鄉者亦宜就親戚居停如有罔知遵守仍前夜遊以及擅入縣門者定行嚴究士民宜各凛遵以敦厚俗勿謂言之不諄諄也

照得時當獻歲爾民終歲勤動椒盤春酒以樂
堯天誠宜共慶但須各安本分不得踰閑制節謹度當凛凛也玆畧舉數條以昭戒勉

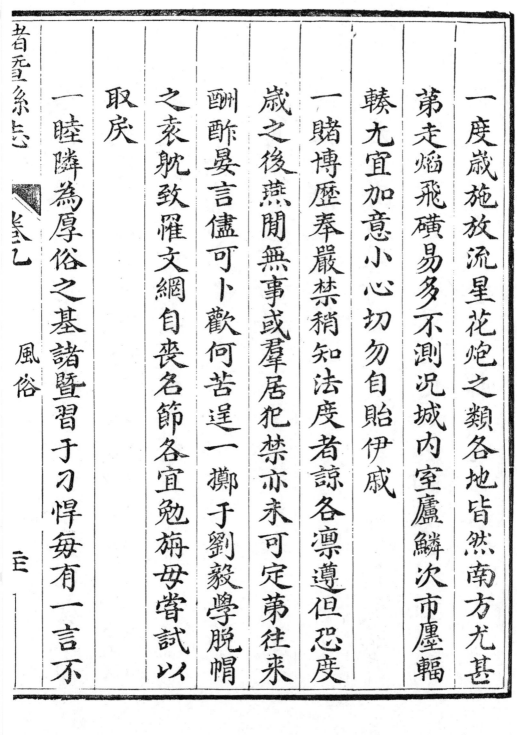

一度歲施放流星花炮之類各地皆然南方尤甚第走熖飛礦易多不測況城内室廬鱗次市廛輻輳尤宜加意小心切勿自貽伊戚

一賭博歷奉嚴禁稍知法度者諒各凛遵但恐度歲之後燕閒無事或羣居犯禁亦未可定第往来酬酢晏言儘可卜歡何苦逞一擲于劉毅學脱帽之衰躭致羅文網自喪名節各宜勉旃毋嘗試以取戾

一睦隣為厚俗之基諸暨習于刁悍每有一言不

合輙以拳勇相搏當此卒歲徵租索負尤易致爭端衛叔寶云人有不合可以情恕非意相干可以理遣切勿以一朝之忿致貽終身之患

一崇儉為治家之本東浙向稱儉朴際此令節團聚即為大慶不必衿麗服誇勝遊以耗財用我士民宜相勸勉

一春酒介眉風詩所載民間窮年作苦新歲戚黨酬酢禮所不廢但不可過於沉湎或至樽俎之間轉成雀角以飲食起訟師亦宜防之于漸

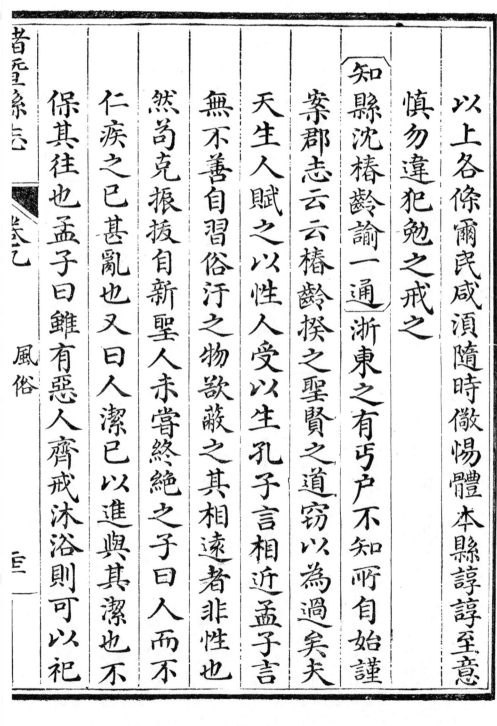

以上各條爾民咸須隨時儆惕體本縣諄諄至意慎勿違犯勉之戒之

知縣沈椿齡諭一通浙東之有丐户不知所自始謹案郡志云云椿齡揆之聖賢之道竊以為過矣夫天生人賦之以性人受以生孔子言相近孟子言無不善自習俗汙之物欲蔽之其相遠者非性也然苟克振拔自新聖人未嘗終絕之子曰人而不仁疾之已甚亂也又曰人潔己以進與其潔也不保其往也孟子曰雖有惡人齊戒沐浴則可以祀

上帝聖賢之道大名教之途寬也若貴賤之等差術業之高下不足言矣丐户亦受性以生越人擯之在四民之外斷役奴隷且不屑齒小有過輒以威勢相刦質之有司不辨良莠惟丐是曲說者曰彼其先得罪于宋故斥之夫宋斥之宋之法也其子孫固未嘗得罪于越也易代改姓宋且不得爭何有于越之人耶或又以其業賤擯之夫擇術固不可不慎民所業彼不得業民所籍彼不得籍聽明材力一無所施執業既卑志氣汙下勢使然也

夫水搏而激之可使在山丐之爲廉鮮耻搏激之者衆也椿齡治暨民丐之交訟者一準之以理祖丐固不爲狥民亦不肯也

朝廷授田按籍並無異制前奉

諭旨命曰新民寬大之

詔舉世咸知而乃堅執褊見膠固不解必使其跼蹐髙厚寃抑之氣久而必伸所望于士君子之達理義者不以予言爲迂而垂聽焉或亦爲仁之方也已

椿齡附識

禹貢記山川不記風俗風俗繫乎上之教也余承乏兹土入國問俗其間貞淫奢儉淳漓參半大率好利而尚氣其君子能達理義知學其小人能循分自守則猶可為善俗也及閲駱氏風俗篇其所記載固不甚殊豈習俗移人積重難返耶抑移風易俗政教失其術耶康誥曰作新民固為人上者之責也鼓之舞之余滋愧矣

沈椿齡識

諸暨縣志　卷十

賦役

前史食貨有志賦役其大較矣賦出自土田役出自户口自禹貢詳相錯之制周官隆降拜之文而後之有天下者莫不兢兢於此

國朝民數維多稅歛從薄寬恤之政前古未有一邑亦天下之積實吏治之殿最所關謹詳宋元以来據其可稽者而著於篇撲厥所由即其時之休養生息與夫土木兵戎皆可按籍而知也志賦役

户口 賦役一

宋

萬歷紹興府志大中祥符四年諸暨户四萬九千六十二丁七萬七千五百六十七

嘉泰元年諸暨户四萬二千四百二十四丁五萬六千四百二十一不成丁一萬八千五百二十七

元

隆慶駱志户五萬三千九百七十八丁缺

明

明史食貨志太祖籍天下户口置户帖户籍具書名歲居地籍上户部帖給之民有司歲計其登耗以聞及郊祀中書省以户籍陳壇下薦之天祭畢而藏之洪武十四年詔天下編賦役黄冊以一百十户為一里推丁糧多者十户為長餘百户為十甲甲凡十人歲役里長一人甲首一人董一里一甲之事先後以丁糧多寡為序凡十年一周曰排年在城曰坊近城曰廂鄉都曰里里編為冊冊首總為一圖鰥寡孤獨不任役者附十甲後為畸零僧

道給度牒有田者編冊如民科無田者亦爲畸零每十年有司更定其冊以丁糧增減而升降之冊凡四一上戶部其三則布政司府縣各存一爲上戶部者冊面黄紙故謂之黄冊其後黄冊祗具文有司徵稅編徭則自爲一冊曰白冊

萬歷紹興府志　洪武籍諸暨戶三萬一千三十七口一十七萬九千六百四十四永樂籍諸暨戶四萬一百四口一十六萬四千四百六十九

〔隆慶駱志〕宣德中户三萬六百七口一十四萬七千五百五十

成化中户二萬一千一百口一十一萬九千一百三十七

宏治中户一萬九千五百二十七口一十一萬五千一百四十六

正德中户一萬九千三百二十六口一十一萬二千一百四十六口内民之户一萬八千一百四十四口九萬三千四百三十六軍之户六百六十七口一萬三千九百三十九匠之户四百五十九口三千二百八十一校尉之户一十口

一百一十一馬站之户三十口三百八廚之户六口七十二捕之户一十五口一百二十七醫之户五口九十五陰陽之户五口六十五僧之户八十二口二百七十六道之户三口五

嘉靖初户一萬九千四百二十七口一十一萬三千一百四十八内民之户一萬八千二百四十五口九萬五千四百三十九軍之户六百六十七口一萬三千九百五十九匠之户四百五十九口五千五百八十一校尉之户一十口一百一十一馬站之户三十口三百八廚之户六口七十二捕之户一十五口三百三十七醫之户五口九十五陰陽之户五口六十五道之户三口五

嘉靖末户一萬九千五百四十口八萬九千七百八十八内民之户一萬八千二百三十六口七萬六千三百四十八軍之户六百五十二口

一萬一千一百二十

紹興府志萬歷籍諸暨户一萬八千四百一十民之户一萬一千一百二軍之户六百五十二官之户二十生員之户一百六十醫之户五捕之户三鋪兵之户一十五雜役之户三百八十四僧之户六十四道之户五口三萬八千六百八十四男二萬三千七百九十六婦一萬四千八百八十八

章志明末户缺口三萬八千六百八十四内男子成丁一萬一千二百八十五每丁科米五合六勺科銀一錢一分幼丁一萬二千五百一十一每丁科米五合六勺科銀六分四厘婦女一萬四千八百八十八每口科米五合六勺科銀一分五厘

國朝順治三年分户口照舊康熙四年分户二萬七千

九百五十三口原額三萬八千六百八十四新增一百一十一共三萬八千七百九十五丁内男子成丁一萬一千三百一十三每丁科銀一錢一分科米五合六勺幼丁一萬二千五百五十四每丁科銀六分四厘科米五合六勺婦女一萬四千九百三十八每口科銀一分五厘科米五合六勺

紹興府志康熙五十六年三月十八日

上諭海宇承平日久户口日繁地畝並未加廣宜施寬大之恩共享恬熙之樂嗣後直隸各省地方官遇編審之期察出增益人丁止将實數另造清册奏聞其徵收錢糧但據康熙五十年丁册定為常額

續生人丁永不加賦仍不許有司于造冊之時藉
端需索用副朕休養生息之意於是各直省郡縣
將新增人丁實數繕造清冊名為
盛世滋生户口冊
浙江通志照粮起丁原額户口人丁三萬八千六百八十
四丁口康熙二十年實在人丁三萬八千八百五
口康熙六十年原報原額人丁四萬一千一十四
口雍正四年實在人丁四萬一千二百八十六口
賦役全書原額田地山塘蕩等項加新陞共徵銀
四萬八千一百二十四两二錢三分七厘一毫五

絲三忽五微共徵米五千四百七十八石四斗七
升三合六勺九抄四撮一粟每銀四兩二錢五分
三釐八毫八絲八忽一微九塵五渺三漠六纖三
沙又米四斗八升四合二勺六抄三撮五圭六粟
三粒五黍一粞一糠九粃泒成丁一口每銀三兩
八錢三分三釐三毫七絲八忽七微七塵五渺九
漠六埃七纖八沙又米四斗三升六合三勺九抄
二撮六圭七粟九粒一黍四粞六糠九粃泒食鹽
鈔丁一口每銀三兩二錢二分一釐五毫九絲八
忽四微一塵七渺二埃三纖七沙又米三斗六升
六合七勺四抄七撮四圭六粟九粒一
黍三粞九糠七粃泒食鹽課口一口

雍正九年編審舊管人丁四萬一千二百八十六
口新收人丁三千六百三十九口開除人丁三千
九十三口實在人丁四萬一千八百三十二口內除

原額完賦成丁一萬一千三百一十三口每口徵銀一錢一分共徵銀一千二百四十四兩四錢三分每口徵米五合六勺共徵米六十三石三斗五升二合八勺外實

盛世滋生增益土著成丁一千七十九口永不加賦實在食鹽鈔丁一萬三千一百九十九口內除原額完賦食鹽鈔丁一萬二十五百五十四口每口徵銀六分四厘共徵銀八百三兩四錢五分六厘每口徵米五合六勺共徵米七十石三斗二合四勺外實

盛世滋生增益土著食鹽鈔丁八百八口永不加賦實在食鹽課口一萬五千九百三十四口內除原額完賦食鹽課口一萬四千九百三十八口每口徵銀一分五厘共徵銀二百二十四兩七分每口徵米五合六勺共徵米八十三石六斗五升二合八勺外實

盛世滋生增益土著食鹽課口共一千一百四十口永不加賦

以上共徵銀二千二百七十一两九錢五分六厘

共徵米二百一十七石三斗八合

土田賦役二

元

〔隆慶駱志〕額官民田共六千四百二十四頃九十四畝七分五厘九毫

額外富儲莊橋裏莊岡山莊登平莊草湖莊白塔莊事產民田地山蕩共七十六頃一十六畝五厘

額外官職免糧等田

馬站田二百四十七頃九十三畝五分八厘
職田八頃一十七畝三分一厘三毫
本州儒學田九頃五十畝四分三厘五毫
蒙古學田一頃八十六畝八分六厘
和靖書院田七畝四分
月泉書院田二十四畝四分
蘭亭書院田七畝
稽山書院田八十九畝八分
僧寺舊有田九十八頃二十七畝一厘三毫

寧徽寺田一十一頃六十五畝二分八厘

廢寺田一十一畝七分五厘

房屋八十六間

明

明史食貨志土田之制凡二等曰官田曰民田初官田皆宋元時入官田地厥後有還官田沒官田斷入官田學田百官職田通謂之官田其餘為民田元季喪亂版籍多亡兩浙富民畏避徭役大率以田產寄他户謂之鐵脚詭寄洪武二十年分行州

縣隨粮定區區設粮長四人量度田畝方圓次以字號悉書主名及田之丈尺編類爲冊狀如魚鱗號曰魚鱗圖冊先是詔天下編黄冊以户爲主詳具舊管新收開除實在之數爲四柱式而魚鱗圖冊以土田爲主諸原坂墳衍下隰沃瘠沙鹵之别畢具魚鱗冊爲經土田之訟質焉黄冊爲緯賦役之法定焉

萬歷紹興府志洪武籍諸暨田地山塘蕩共一萬五百四十六頃五十一畝六釐七毫

隆慶駱志新量田地山塘蕩共一萬八百四十二頃一十畝八分五厘三毫

右嘉靖末年籍初民田分為十二則有阡陌相連而則例迥別者民已鼔之及後飛灑詭掛姦弊百出浮田浮米陪賠不貲於是長量戛平之議興矣經知縣王陳策徐楒兩次料理尚未就緒及林富春勵精峻法并有定冊且勒之石林素行不信于人及去任本府通判蕭惟春來署縣為黠者所餌執議覆量設施布置惟黠者是聽一縣騷然而姦頑叢生無長幼知其不逮林冊之核竟莫之奈何黠者初以立祠餌蕭及後事定不為輿論所與黠宛蕭遂無聊私一二富民風使立碑于楓橋鋪去不久亦捐館閭縣快之

紹興府志萬曆十三年籍諸暨田地山塘蕩瀝共一

萬一千三百八十七頃七十畝八分六厘七毫
田七千九百九十頃九畝四分九厘内萬歷十年丈出開墾田
一百一十七頃七十畝二分淤出田四百一十二
頃七十五畝七厘五毫究出零星隱田四十四頃
六十七畝一分一厘三毫秋粮米一則田七千五
百七十七頃三十四畝四分一厘三毫每畝四升
三合二勺八抄泌湖上則田一百一十頃二十五
畝三分三厘六毫每畝一升五合泌湖中則田一
百九十五頃七十八畝一分三厘九毫每畝一升
二合泌湖下則田一百六頃七十一畝六分每畝
七合折丁一則田
十畝泌湖田無
地一千四百三十頃二十二畝四厘八毫内萬歷十年丈
出一頃五畝四分五厘夏
稅麦每畝一升四合七勺

山一千六百八十一頃四十九畝八分五厘六毫

荒絲每畝三厘一毫

蕩三十二頃五十七畝四分夏稅鈔每畝二百二十八文八分秋租鈔四十二文二分

塘二百五十頃九十二畝七分七厘五毫内萬歷十年丈出二十六頃六十九畝五分九厘四毫夏稅鈔每畝二百二十八文八分秋租鈔四十二文二分

瀝二頃三十九畝三分夏稅鈔每畝二百二十八文八分秋租鈔四十二文二分

國朝

章志順治三年分額田八十萬一百七十畝七分七厘三毫內一則田照舊七十五萬七千七百三十四畝四分一厘三毫每畝科銀五分六厘八毫科米七合七勺

泌湖上則田照舊一萬一千二十五畝三分三厘六毫每畝科銀四分四厘三毫科米二合三勺

中則田照舊一萬九千五百七十八畝一分三厘九毫每畝科銀二分九厘六毫科米二合一勺

下則田照舊一萬六百七十一畝六分每畝科銀一分七厘科米一合六勺

新墾地山成田一千一百六十一畝二分八厘五毫每畝科銀三分八厘五毫科米二合六勺五抄

額地二十四萬三千一百八畝二分八厘八毫內原地照舊一十四萬三千二十四畝四厘八毫每畝科銀一分七厘八毫

新墾地八十六畝二分四厘每畝科銀一分二厘

原山照舊一十六萬八千一百四十九畝八分五厘六毫每畝科銀三厘三毫

原塘蕩照舊二萬八千五百八十九畝四分七厘五毫每畝科銀二厘二毫

康熙四年新增丈出地山開墾成田八千六百三十二畝八釐八毫增銀三百三十二兩三錢三分五釐一毫一絲八忽五微增米二十二石八斗七升五合一抄四撮六圭五粟

新增丈出新墾地五千七百一十五畝六分三釐四毫增銀六十八兩五錢八分七釐六毫八忽

丈缺山四千三百一十二畝三分七釐二毫減銀一十四兩六錢六分二釐六絲四忽八微

新增丈出塘蕩二千一十七畝七釐八毫增銀四兩六錢三分九釐二毫七絲九忽四微

康熙十六年清出新陞田一千四百五十畝九分八厘九毫每畝科銀三分八厘五毫科米二合六勺五抄增銀五十五两八錢六分三厘七絲米三石八斗四升五合一勺二抄八圭五粟

康熙二十一年新陞地八百二十三畝四分五厘一毫每畝科銀三厘四毫增銀九两八錢八分一厘四毫一絲二忽

浙江通志雍正九年實在田八千一百三十九頃九十四畝五分一厘二毫八絲六忽徵銀四萬四千八百七十五两一錢五厘三毫八絲四忽七微一塵徵米五千四百八十石四斗一升七合八勺八抄二撮四圭八粟九粒

實在地一千五百二十一頃五十七畝六分八厘

二毫二絲八忽徵銀二千六百五十五兩四錢一分二毫五忽七微六塵
實在山一千六百三十八頃三十七畝四分八厘
四毫徵銀五百五十七兩四分七厘四毫四絲五忽六微
實在塘蕩三百六頃四十九畝二分七厘三毫徵銀七十兩四錢九分三厘三毫二絲七忽九微
以上共額徵銀四萬八千一百五十八兩五分六
厘三毫六絲三忽九微七塵遇閏加銀五百二十
四兩五錢五分二厘七毫一絲三忽五微八塵三
渺八漠五埃六纖八沙共額徵米五千四百八十

石四斗一升七合八勺八抄二撮四圭八粟九粒
遇閏加米一百石
徵輸上 賦役三

宋

〔萬歷紹興府志〕唐以前無所考錢氏有吳越時兩浙田税畝三斗宋太平興國中錢氏國除朝廷遣王贄均兩浙雜税贄乃令畝出一斗比還詔責其擅減税贄對曰畝税一斗者天下通法兩浙既爲王民豈當復循僞國之法上從之

宋賦夏户人身丁錢歲額諸暨八千四百三十七
貫一百五十文
紬歲額諸暨一千四百五疋三丈八尺三寸
絹歲額諸暨二萬八百二十疋二丈二尺
綿歲額諸暨一萬一千五百二十九屯三两四錢
八分
秋苗米歲額諸暨三萬四千二百九十七石六升
三合一勺
和買絹諸暨一萬八千八百五十五疋二丈二尺

四寸　宋時舊額之外創增和買寶慶續志云太宗時馬元方為三司判官建言方春民乏絶時預給官錢貸之至夏秋令輸絹於官故曰和買然在昔止是一時權宜措置至於一歲之間或行於一郡邑而已祥符中王旭知潁州因歲饑出庫錢貸民約蠶熟人輸一縑其後李士衡行之陝西民以為便至熙寧新法之行乃施之天下示為准則是時會稽民繁而貧所貸最多後來錢既乏支所買之額不除遂以等户資産物力而科配焉然會稽為額獨重于他處大為民病建炎三年詔減四分之一紹興二年守臣朱勝非又請詔免十分之一紹興八年又減淳熙中又減紹興一府遂以十萬匹為額

役錢諸暨二萬六千三百七十八貫八十一文

水陸茶錢諸暨八百二十貫文

小綾諸暨六百疋折三千七百一貫四百文

湖田米諸暨四千二百一十石三斗二升

職田米諸暨一千四百一十一石五斗八升

折帛錢諸暨七萬五千五百三十七貫一百二十六文

折紬綿諸暨七千七百八十六兩

折稅絹麥諸暨七百二十石

折苗糯米諸暨三千九百一十石六斗一升

課利諸暨祖額八千六百八十一貫二百一十五

文遞年趂到四千八百一十八貫三百七十八文

楓橋場祖額一千九百五十五貫六十七文遞年

趂到三千九十貫五百六十九文

鹽每歲住買諸暨八萬二千五百斤

茶每歲住賣諸暨六千一百三十斤

酒諸暨屬户部

元

〈隆慶駱志〉夏税錢六百九十八錠二十四两六分六

厘

絲四十五斤三两三錢六分二厘七毫
大麥二百五石九斗四升六合
秋糧一萬九千一十七石三斗六升八合
秋租鈔八錠二十九两三錢五分九厘
糙米三百三十八石九斗四升四合
大稅穀二千一百四十一石一斗一升
大尖穀一千三百一十九石四斗七升八合
白荳五升二合
房地賃錢中統錢七錢五分

課程周歲該辦中統鈔四十三錠二十二兩七錢

明

明史食貨志賦役之法唐租庸調猶為近古自楊炎作兩稅法簡而易行歷代相沿至明不改太祖即位之初定賦役法一以黃冊為準冊有丁有田丁有役田有租租曰夏稅曰秋粮凡二等夏租無過八月秋粮無過明年二月丁曰成丁曰未成丁凡二等民始生籍其名曰不成丁年十六曰成丁成丁而役六十而免又有職役優免者役曰里甲曰

均徭曰雜泛凡三等以户計曰甲役以丁計曰徭役上命非時曰雜役皆有力役有雇役府州縣驗冊丁口多寡事產厚薄以均適其力

明史食貨志一條鞭法總括一州縣之賦役量地計丁丁糧畢輸於官一歲之役官為僉募力差則計其工食之費量為增減銀差則計其交納之費加以贈耗凡額辦派辦京庫歲需與存留供億諸費以及土貢方物悉併為一條皆計畝徵銀折辦於官故謂之一條鞭立法頗為簡便嘉靖間數行數

止至萬歷九年乃盡行之

〈紹興府志〉農之賦四曰夏稅麥諸暨二千一百九石四斗六合四勺派於地曰秋糧米諸暨三萬三千二百七十一石六斗九升七合七勺徵於田曰夏稅鈔諸暨一千三百八錠一貫一百二十三文惟塘蕩瀝曰秋租鈔諸暨二百四十一錠二貫五百六十四文惟塘蕩瀝

桑之賦一曰農桑絲今惟諸暨山有荒絲五百三十五兩六錢每兩折銀六分二厘五毫共三十三

兩四錢七分五釐

廛之賦一曰房租諸暨房屋賃錢三百八十三貫三百三十文

傳之賦二曰馬價輸河南北直隸等處諸暨四百六十五兩四錢七分五釐五毫曰驛夫輸本府各驛今類入均徭

兵之賦一曰兵餉銀諸暨四千三百二十一兩五錢六分七釐八毫

户之賦二曰蕩價輸鹽運司諸暨無曰諸鈔有商稅課鈔 黃絡
蘇鈔 茶株鈔 油榨碓蘇鈔 窑竈鈔 門攤
契鈔 茶引油契本工墨鈔 樹株果價鈔 酒

醋鈔漁課鈔每貫折銀二厘内解京貯府二項不同諸暨缺

口之賦二曰鹽粮米内分三項顔料解京者每石折六錢解各學者折八錢解各倉者折五錢常本折半諸暨二百一十六石責辦於鄉都成丁之人每丁五合六勺遇閏增加曰鹽鈔每貫折銀一厘輸京庫及本府庫諸暨七百二十五兩三錢五分六厘六毫責辦於城市成丁之人每丁二毫四絲遇閏增加

里之賦三今謂之三辦曰額辦銀有桐油銀白硝麂皮狐狸皮銀弓箭弦條銀胖襖銀藥材銀農桑絹銀俱解京諸暨二百三十九兩一錢六分三毫曰坐辦銀有水牛等皮料銀歷日紙銀軍器料銀淺船

料銀　叚疋銀　漆木料銀　四司工料銀　果
品銀　牲口銀　蠟茶銀　菜筍銀　俱解京

諸暨二千三百三十九兩八錢五厘二毫曰雜辦

銀有科舉禮幣進士舉人牌坊銀　預備上司各
衙門書手工食銀　軍器路費銀　上司各衙
門新官到任隨衙下道家伙祭祀猪羊品物等項
銀　修理各衙所城垣民七料銀　武舉銀　戰
船民六料銀　文廟啟聖祠名宦鄉賢祠社稷山
川壇厲祭銀　各祠廟祭銀　鄉飲酒禮銀　孤
老布花米柴銀　表箋綾函紙劄工食銀　表箋
委官齋捧盤費銀　拜進香燭銀　拜賀萬歲
冬至正旦令節習儀香燭銀　迎春芒神土牛春
花春鞭三牲酒席銀　門神桃符銀　三察院按
臨門厨米菜銀　三察院考試生員試卷果餅花
紅紙劄筆墨府學銀　恤刑按臨心紅紙劄油燭
柴炭門皂厨役工食米菜銀　各上司及查盤委
官心紅紙劄油燭柴炭并門皂工食米菜銀　上

司按臨并本府朔望行香講書紙劄筆墨銀　府
送使客下程銀　縣送油燭柴炭銀　兵巡道駐
劄士夫交際下程酒席銀　水利道坊夫工食銀
　提學道按臨考試生員試卷果餅花紅紙劄筆
墨銀　季考生員試卷果餅花紅紙劄府學銀
歲貢生員正陪路費花紅旗匾酒禮銀　起送科
舉生員路費花紅酒席銀　迎宴新舉人旗匾花
紅彩段酒席銀　起送會試舉人路費卷資酒席
銀　賀新進士旗匾彩段酒禮銀　兵巡道新任
祭門猪羊三牲香燭銀　府縣新官到任祭門猪
羊酒果香燭銀　府縣新官到任修理衙宇銀
府縣應朝起程復任酒席銀　府縣陞遷給由酒
席銀　修理各察院分司公館銀　修理府縣廳
堂公廨監房教場及養濟院等處工料銀　城垣
畫圖紙劄顏料銀　優恤節婦養贍米布銀　上
司并府縣卷箱架扛鎖索棕罩銀　察院分司公
館置備家伙銀　府縣心紅紙劄等項銀　府縣
皂隸工食銀　府縣官船水手銀　短遞夫工食

銀　經過使客皂隸工食銀　馬匹草料并馬夫
工食銀　大小河船價并稍水工食銀　預備雜
用銀　俱
留府縣庫　諸暨二千一百兩八錢二分
力之賦二曰銀差曰力差嘉靖四十三年一縣徵
銀雇募　有各驛館夫　各倉斗級　巡鹽應捕
鋪兵　解户　獄卒　弓兵　傘夫　皂
隸　分守溫處甲首　看守各館門子　各學庫
子　祠夫　閘夫　各場工脚　巡攔　南京直
堂皂隸柴薪　三院座船水手　布政司廣濟庫
庫子　縣耳房庫子　各學庫子　布政司守領
都司運司府縣衛首領柴薪　府縣馬夫　各學
齋夫　各學膳夫　會同館長夫　府縣及儒學
公堂家夫　包陪富户　各渡稍夫　民壯　捕
兵　健步　預備織造　坊夫　短送夫　惟巡
鹽應捕一項先議免僉役徵銀抵課止用民壯弓
兵巡緝巡鹽察院批再議紹興府議仍照額名數

遴募勤實之人充役分布行鹽地方巡獲鹽船人犯不許縱放諸暨三千七百七十四兩一錢八分一厘

自一條鞭行後其賦額大率二項曰本色米曰條折銀諸暨本色米共二千七石五斗二升六合二勺條折銀共三萬二千六百三十七兩三錢二分三厘一則田每畝米二合三抄銀三分八厘二毫泌湖上則田米九勺銀七厘三毫中則田米七勺三抄銀五厘九毫下則田米五勺銀三厘四毫地銀一分一厘一毫山銀一厘三毫蕩塘銀六毫五絲人田丁每丁共銀一錢一厘七毫此外不入條鞭者惟鹽粮米數見前鹽鈔銀數見前蕩價諸暨無油榨鈔諸暨缺門攤鈔

茶株鈔窑竈鈔商稅鈔黄絡蔴（諸暨六十七两八錢一分四毫七絲）鈔漁課鈔（諸暨俱無）已上明萬歷間定額

隆慶駱志賦役舊分為二條鞭行而役亦賦矣錢粮上納舊皆有收頭奸民鑽收視為已有恣費無抵輾轉謀充那新補舊終不可了於是有投櫃之法條鞭始按院龎公投櫃則自知縣梁子琦始

又本縣額辦粮數自條鞭之後公私两便而櫃頭數易侵漁獘夥收貯者駕虛名謀解者掇空扺隆萬以来害人人害難以枚舉知縣尹從淑定為清收之法析户析丁實收實拆申定永額勒石以垂不朽